www.ingramcontent.com/pod-product-compliance
Lightning Source LLC
LaVergne TN
LVHW040107080526
838202LV00045B/3808
9788198129482

نسائی مزاحمت

انتخاب و ترتیب

اشعر نجمی

Bright Books

© Ashar Najmi

Nisai Mazahmat
by Ashar Najmi
Bright Books, Thane, India
1st Edition : October 2024
ISBN: 978-81-981294-8-2

اس کتاب کا کوئی بھی حصہ مصنف یا ناشر کی پیشگی اجازت کے بغیر کسی بھی وضع یا جلد میں
کلّی یا جزوی، منتخب یا مکرر اشاعت یا بہ صورت فوٹو کاپی، ریکارڈنگ، الیکٹرانک، میکنیکل
یا ویب سائٹ پر اَپ لوڈنگ کے لیے استعمال نہ کیا جائے۔ نیز اس کتاب پر کسی بھی
قسم کے تنازعہ کو نمٹانے کا اختیار صرف ممبئی کی عدلیہ کو ہوگا۔

Bright Books

Mira Road East, Dist. Thane, India
nidabattiwala@gmail.com

فہرست

صنفی شناخت کا ارتقائی مرحلہ	سعدیہ بخاری	05
ہم سب کو فیمنسٹ ہونا چاہیے	چمامنڈا نگوجی ادچی/ شنارا عین	08
اظہار، نسائی اظہار اور مزاحمت	طاہرہ کاظمی	13
ایران میں عورت کی خودمختاری کا سوال	پریتی چودھری/ اشعر نجمی	19
انتخاب کے حق کے لیے جدوجہد	پریتی چودھری/ اشعر نجمی	24
تانیثی مزاحمت کے برگ وبار اور فہمیدہ ریاض	منور حسن کمال	30
تانیثیت اور اردو تانیثی ادب	فضل تنہا غرشین	36
نئی اردو نظم میں تانیثی مزاحمت اور احتجاج	شہزادانجم برہانی	39
تانیثیت: نظریات، مغربی تناظرات	محمد حسین	52
تانیثیت کا نظریاتی پس منظر اور اردو کا دب نسواں	احمد سہیل	64
تانیثی تھیوری اور اردو نظم	قاسم یعقوب	69
تانیثی ادب کی شناخت اور تعین قدر	ابوالکلام قاسمی	86
تحریک نسواں: جدید تاریخ اور ادب کی روشنی میں	ناز آفرین	96

نسائی مزاحمت 3

صنفی شناخت کا ارتقائی مرحلہ

سعدیہ بخاری

موجودہ زمانے میں جب سماج مختلف طرز کی تقسیمات کا شکار ہے، مارچ 2019ء میں خواتین کے حقوق کے لیے کوشاں 'ہم عورتیں' نامی اتحاد کا خواتین کے عالمی دن پر ملک بھر میں ایک متحدہ مارچ یکجہتی کا بہت خوبصورت اظہار تھا۔ عورتیں، مرد، ٹرانس جینڈرز غرضیکہ سبھی لوگ ہاتھوں میں ہاتھ دیے اپنی طبقاتی، مسلکی اور مذہبی تفریق کو پس پشت ڈال کر انسانیت کے رشتے میں جڑے ہوئے گیت گاتے اور نعرے لگاتے جا رہے تھے۔ اگرچہ اس آہنگ کی عمر تھوڑی تھی۔ کیونکہ اگلے چند روز ہی میں اسلام آباد ہائی کورٹ اور سندھ اسمبلی میں ایسی عرضیاں جمع کر دی گئی تھیں جس میں اس عورت مارچ کو ہماری اخلاقیات کے منافی قرار دیے جانے کی سفارشات موجود تھیں۔ اس روش نے نوجوان نسل کو بہت دھچکا دیا۔

ناقدین کا یہ خیال ہے کہ پاکستان کو اس وقت خواتین کے حقوق کی ایسی تحریک کی ضرورت ہے جو سماج کے تمام پہلوؤں کا احاطہ کرتی ہو، اس لیے لازم ہے کہ کوئی بھی اقدام اگر کیا جائے تو اس میں ہمارے ثقافتی، روایتی اور اخلاقی معیارات کو لازماً ملحوظ خاطر رکھا جائے۔ عورت مارچ کو بے حیا کہنے کی وجہ وہ حقیقت تھی کہ اس کے دوران بعض نعرے اور پوسٹر ایسے کھلے اظہار پر مشتمل تھے جنھیں عمومی مذہبی تشریحات اور نظریۂ پاکستان کے منافی سمجھا جا سکتا ہے۔ اس دوران اس حقیقت کو نظر انداز کیا گیا کہ دنیا بھر میں غیرت کے نام پر ہونے والے ہر سو میں سے بیس قتل پاکستان میں ہوتے ہیں۔ یہ اعداد و شمار بتاتے ہیں کہ ہمیں اس معاملے پر متوجہ ہونا ہوگا۔ بہر حال عدالت کی جانب سے عورت مارچ کے خلاف درج عرضی یہ کہہ کر خارج کر دی گئی کہ اس معاملے پر لگائے گئے اعتراضات ایک مخصوص پروپیگنڈے کا حصہ ہیں اور ان کی کوئی قانونی حیثیت نہیں ہے، لہٰذا اس معاملے پر کارروائی کی گنجائش نہیں ہے۔

یہ ممکن ہے کہ خواتین کی جانب سے عوامی جگہوں پر یہ تقاضا کرنا کہ جنسی تعلق کے لیے خاتون کی

رضامندی لینا ضروری ہے، ہماری اقدار میں شامل نہ ہو اور نہ ہی ہمارے سماج کی جانب سے یہ ضروری سمجھا گیا ہے کہ صنفی ذمہ داریوں کو فیمینسٹ نقطۂ نظر سے دیکھنے کی کوشش کی جائے۔ شاید یہ بھی پہلی بار ہوا کہ پاکستان میں عوامی جگہوں پر خواتین کی جانب سے ان حساس معاملات پر جارحانہ اور پرزور آواز بلند کی گئی۔ اب جب سے عورت مارچ میں شامل احتجاج کرنے والی خواتین کی جانب سے پلے کارڈز پر درج ایسے نعرے بلند کیے گئے ہیں جو گھروں پہ کام کاج کی غیر منصفانہ تقسیم کو چیلنج کرتے ہیں یا عوامی مقامات تک خواتین کی رسائی نہ ہونے کی شکایت کرتے ہیں، یا اس امر پہ معترض ہوتے ہیں کہ خواتین کو اپنی جنس پہ اختیار نہیں ہے، یا سب سے بڑھ کر اہم یہ کہ ایسے معاملات روزمرہ زندگی میں خواتین کو روزانہ سہنے ہوتے ہیں، یہ عوامل کام کرنے والی ورکنگ کلاس خاتون کی مشکلات کو بیان کرتے ہیں، اس سے پہلے ان معاملات پر بھرپور احتجاج اور مزاحمت نظر نہیں آتی تھی۔ خواتین کی مشکلات کو پاکستان جیسے معاشرے میں بجائے دکھ اور حساسیت سے دیکھنے کے طنزیہ اور مضحکہ خیز انداز سے دیکھا جاتا تھا۔ حقیقت تو یہ ہے کہ بہت سی خواتین کے لیے ان کی زندگیاں جبر اور تکلیف کا ایک نہ ختم ہونے والا سلسلہ بن کر رہ گئی ہیں اور اب جب انھوں نے سالہا سال کے اس جبر کے خلاف ایک جملہ لکھ کر پلے کارڈ بلند کیا ہے تو وہ اس لیے کہ انھیں یقین تھا کہ اگر وہ اب بھی احتجاج نہیں کریں گی تو کب کریں گی؟ کیونکہ پدرسری نظام کی اقدار تو ہمیشہ ہی غیر منصفانہ صنفی تقسیم کی حمایت کریں گی اور کسی بھی ایسے مکالمے کی راہ میں رکاوٹ ہوں گی جو صنفی تقسیم کو منصفانہ کرنے کے لیے کیا جائے گا۔

خواتین مارچ میں شامل شرکا پر یہ اعتراض کہ انھوں نے خواتین کے حقیقی مسائل مثلاً تعلیم کا حق، حق رائے دہی، اور دیگر ایسے حقوق کا تقاضا کیوں نہیں کیا اور اس کی بجائے ریپ، جنسی ہراسانی، اور تشدد کے خلاف نعرے کیوں لگائے، دراصل اس معاملے سے گہری واقفیت نہ ہونے کے سبب ہے۔ شاید یہ اعتراض اس معاملے کو سطحی طور پر دیکھنے کے سبب عائد کیا گیا ہے۔ اب حالات بدل گئے ہیں۔ سماج میں اس قدر شعور آ گیا ہے کہ اب وہ اس دیرینہ تکلیف پر، جو خواتین سالہا سال سے سہہ رہی تھیں، توجہ دے رہا ہے اور ان کے ساتھ ہمدردی کا اظہار کر رہا ہے۔ اب وہ ایسی اقدار پر نظرثانی کرنا چاہتا ہے جنھوں نے خواتین کے لیے سماج میں مشکلات بڑھائیں اور پدرسری ساختیات کو مضبوط کیا۔ اس عورت مارچ کے بعد یہ معاملہ ابھر کر سامنے آیا ہے کہ صنفی برابری کو یقینی بنانے کے لیے یہ لازم ہے کہ خواتین کے پاس بغیر کسی تعصب، بغیر کسی تشدد کے خوف، اور بنا کسی جبر کے اپنی جنس پر اختیار ہونا ضروری ہے کیونکہ اب خواتین اپنی آزادانہ شخصیت اور موجودگی کا احساس دلانے کے لیے اپنی آواز بلند کر رہی ہیں۔

پاکستان میں اب کسی بھی فرد خاص طور پر خواتین اور ٹرانس جینڈر آبادی کے جنسی حقوق پر جدید معنوں میں بحث کا آغاز ہو چکا ہے۔ صنفی برابری بنیادی انسانی حقوق میں شامل ہے۔ اس کی فراہمی غربت کے خاتمے اور آئندہ نسلوں کو با اختیار بنانے کے لیے لازم ہے۔ یہ لازم ہے کہ بچپن کی شادیوں، بچیوں کے ختنے اور دوسری

نسائی مزاحمت

نوعیت کے صنفی تعصّبات کے خاتمے کے لیے قانون سازی اور حکمت عملی وضع کرنے کا عمل مزید مستحکم کیا جائے۔

لہٰذا یہ ضروری ہے کہ ہم صنفی برابری کی کوششوں کو جاری رکھیں تاکہ ہمارا قومی سفر مثبت راہ پر چلتا رہے کیونکہ اس سفر کے دوران ہم نے جو مقاصد حاصل کر لیے ہیں، اب ان سے پیچھے ہٹنا ہمارے قومی مفاد کے منافی ہوگا۔ ہمیں یہ عہد کرنا ہوگا کہ ہم خواتین اور بچیوں کے حقوق خاص طور پر انھیں اپنی جنسی زندگی پہ اختیار اور بچوں کی پیدائش کے معاملے پر حقوق کی فراہمی کی کوشش جاری رکھیں گے۔ ہماری یہ کوشش اس عالمی جدوجہد کا حصہ ہوگی جو دنیا بھر میں قدامت پسند قوتوں کے خلاف جاری ہے تاکہ انسانی حقوق اور جنسی حقوق کے مابین ایک ربط قائم ہو جو کہ جنسی صحت کے تحفظ کے لیے ایک لازمی اقدام ہے۔ لہٰذا یہ لازم ہے کہ مساوات یقینی بنائی جائے اور ہر قسم کے تعصب کا خاتمہ کیا جائے۔

تشدد، جارحیت، غیر انسانی سلوک اور جسمانی سزا کا خاتمہ کیا جائے۔

ذاتی زندگی اور ذاتیات کا تحفظ یقینی بنایا جائے۔

اس امر کو یقینی بنایا جائے کہ صحت بشمول جنسی صحت کے اعلیٰ معیار یقینی بنائے جائیں گے۔

اپنی پسند سے شادی کرنے کا حق اور اپنی خواہش کے مطابق شادی ختم کرنے کا حق یقینی بنایا جائے۔

اولاد پیدا کرنے کے فیصلے میں اختیار یقینی بنایا جائے۔

معلومات کے حصول اور تعلیم حاصل کرنے کا حق یقینی بنایا جائے۔

آزادیٔ اظہار رائے اور بولنے کا حق یقینی بنایا جائے۔

بنیادی حقوق کی خلاف ورزی کی صورت میں ازالے کا حق یقینی بنایا جائے۔

ہمیں عالمی مونٹیویڈو کونسنز آن پاپولیشن اینڈ ڈویلپمنٹ 2013ء پہ دستخط کرنے ہوں گے جس کا مقصد ایسی حکمت عملی وضع کرنا ہے کہ فرد اپنی جنسی زندگی پہ اختیار قائم رکھ سکے جو صحتمندانہ اور آزادانہ جنسی زندگی کے حق سے مشروط ہے۔ اس کے ساتھ ساتھ اپنی جنسیت، جنسی رجحان، اور صنفی شناخت کے مطابق آزادانہ، رضاکارانہ، اور پورے شعور کے ساتھ اپنی زندگی کے فیصلے کر سکے۔ اس دوران اسے کسی جبر، دباؤ اور تشدد کا خطرہ لاحق نہ ہو تاکہ اپنی جنسی اور پیداواری صحت کو یقینی بنانا اس کے دائرۂ اختیار میں ہو۔

[بشکریہ ’تجزیات آن لائن‘، یکم جولائی 2019]

ہم سب کو فیمنسٹ ہونا چاہیے

چمامنڈا نگوجی ادچی

ترجمہ: نثار اعین

سال 1977 میں نائیجریا میں پیدا ہوئیں۔ ملک میں خانہ جنگی کے ماحول کے سبب انیس سال کی عمر میں وہ امریکہ چلی آئیں اور تخلیقی ادب میں آگے کی ڈگری حاصل کر کے کل وقتی مصنف بن گئیں۔ ان کے پہلے ناول 'پرپل ہبسکس' کو کامن ویلتھ رائٹرس پرائز سے نوازا گیا۔ 'ٹائمس لٹریری سپلیمینٹ' نے جہاں انھیں افریقی ادب کا سب سے اہم قلم کار بتایا، وہیں 'نیویارک ٹائمس' نے ان کے تیسرے ناول 'امریکانہ' کو 2013 کی دس سب سے مقبول کتابوں کی فہرست میں شامل کیا۔ 2010 میں 'نیویارکر' نے چمامنڈا نگوجی ادچی کو چالیس سال تک کے بیس مقبول و معروف قلمکاروں میں شمار کیا۔ افریقی نژاد کی امریکی فلم ساز کوسوا ادوما اووسو نے حال میں ان کی کہانی 'آن منڈے آف لاسٹ ویک' پر ایک فلم بنائی، جسے کافی پسند کیا گیا۔

گزشتہ سال امریکی صدر کے انتخاب کے وقت 'نیویارک ٹائمس' میں انھوں نے ڈونالڈ ٹرمپ کی اہلیہ میلینیا ٹرمپ کے بارے میں کہانی لکھ کر دانشوروں کے درمیان اپنے سیاسی نظریہ کا خلاصہ کرتے ہوئے تہلکہ مچادیا۔

سنجیدہ بحث کے لیے عالمی فورم TEDx ٹاک پر 2009 کا چمامنڈا کا لیکچر 'دی جینڈر آف اے سنگل اسٹوری' بے حد مقبول ہوا، جسے اب تک کروڑوں لوگ دیکھ چکے ہیں۔ اس کے کچھ سالوں بعد انھوں نے اسی اسٹیج سے دوسرا بہت ہی مقبول لیکچر 'وی شڈ آل بی فیمنسٹ' دیا۔ اس لیکچر کو کتابی شکل میں تو شائع کیا ہی گیا، امریکہ کی مقبول ایکٹوسٹ گائکا بیونسے نے اپنا معروف گیت 'فلالیس' اس لیکچر کی تفہیم پر پیش کیا گیا۔

اپنی کہانیوں میں حقوق نسواں کو مرکزی حیثیت دینے والی چمامنڈا نگوجی ادچی نے اپنی سب سے نئی کتاب 'ڈیر آئزی ویلے، آر اے فیمنسٹ مینی فیسٹو ان ففٹن سجیشنس' اپنی ایک سہیلی کو چھٹی کے طور پر لکھی ہے، جس نے ان سے پوچھا تھا کہ اپنی بیٹی کو فیمنسٹ کیسے بنائیں؟ وہ کہتی ہیں کہ میں دراصل ایک قصہ گو ہوں، لیکن اگر کوئی مجھے حقوق نسواں کا مصنف کہتا ہے تو مجھے کوئی اعتراض نہیں، سچ یہ ہے کہ میں دنیا کو ایک عورت کی نظر سے دیکھتی ہوں۔

اس مضمون کو 'سدانیرا' (ہندی آن لائن میگزین) کے شکریے کے ساتھ یہاں ڈائجسٹ کیا جارہا ہے۔اس مضمون کا ہندی ترجمہ اور پیشکش یادویندر نے کیا ہے۔

سال 2003 میں، میں نے 'پرپل ہبسکس' لکھا تھا جس کا مرکزی کردار بہت کام کرتا ہے، وہ اپنی بیوی کو مارتا بھی ہے۔اس کہانی کا اختتام دل کو بہت دکھ سے بھر دیتا ہے۔اپنے ملک نائیجریا میں جب میں اس کتاب کی تشہیر کر رہی تھی، اس وقت ایک قابل احترام صحافی نے مجھے مشورہ دینے کی پیشکش کی۔بغیر مانگے صلاح دینے میں نائیجریائی لوگ بہت آگے ہیں۔اس نے کہا کہ لوگوں کو یہ ناول حقوق نسواں کے ایک علمبردار (فیمنسٹ) کا لگتا ہے اور آپ کو خود پر فیمنسٹ ہونے کا الزام قطعی نہیں لگنے دینا چاہیے، کیونکہ ایسی خواتین زندگی بھر دکھ اٹھاتی ہیں۔انھیں شادی کرنے کے لیے لڑکے نہیں ملتے۔

سو میں نے اپنے آپ کو فیمنسٹ نہیں 'ہیپی فیمنسٹ' کہنا شروع کر دیا۔

اس کے بعد ایک خاتون پروفیسر نے کہا کہ فیمنزم نائیجریا کی تہذیب کا حصہ نہیں ہے، یہ غیر افریقی تصور ہے اور میں خود کو فیمنسٹ اس لیے کہتی ہوں کیونکہ میں مغربی ادب کا مطالعہ کرتے ہوئے بڑی ہوئی ہوں۔ مجھے یہ ترک مزیدار لگا کیونکہ میری شروع کی ساری پڑھائی غیر نسائی ادب سے ہوئی ہے۔سولہ برس کی عمر تک پہنچتے پہنچتے 'ملس اینڈ بون' کی رومانس سیریز کا کوئی ایسا ناول نہیں بچا تھا جو میرے پڑھنے سے رہ گیا ہو۔جب کبھی میں نے نام نہاد کلاسک نسائی ادب پڑھنے کی کوشش کی، میں بری طرح بور ہو گئی اور جیسے تیسے صفحات پلٹ کر میں نے اس سے نجات پائی۔

جب فیمنزم کو غیر افریقی قرار دے دیا گیا، تب میں نے خود کو 'ہیپی افریقی فیمنسٹ' کہنے کا فیصلہ کیا۔پھر ایک دن میرے ایک عزیز دوست نے کہا: ''خود کو فیمنسٹ کہنے کا مطلب ہی یہ ہوا کہ میں مردوں سے نفرت کرتی ہوں۔'' تب مجھے خود کو ایسا 'ہیپی افریقی فیمنسٹ' کہنا پڑا جو مردوں سے نفرت نہیں کرتی اور جسے 'لپ گلاس' (لپ اسٹک) لگانے کا شوق ہے اور جو ہائی ہیلس پہنتی ہے، مردوں کو خوش کرنے کے لیے نہیں، بلکہ اس لیے کیونکہ یہ اسے اچھا لگتا ہے۔

دنیا میں جہاں کہیں بھی جائیں، جنس (جینڈر) بڑی خاص جگہ رکھتا ہے، لیکن اب وقت آ گیا ہے کہ

جب ہمیں ایک دوسری طرح کی دنیا کے بارے میں سوچنا شروع کرنا چاہیے، اس کا خواب دیکھنا چاہیے، پہلے سے زیادہ منصفانہ دنیا، زیادہ خوش مزاج مردوں اور خواتین کی دنیا، جہاں وہ جیسے نظر آتے ہیں، ویسے ہی ہوں بھی۔

جنسی مسائل پر کسی کے ساتھ بات کرنا آسان نہیں ہے، بات شروع کرتے ہی لوگ پریشان ہونے لگتے ہیں، کئی بار تو ناراض بھی ہو جاتے ہیں۔ خواہ مرد ہو یا عورت، دونوں ہی اس موضوع پر بات کرنے سے کتراتے ہیں، یا یوں کہیں کہ یہ کہتے ہوئے وہاں سے اٹھ جانا چاہتے ہیں کہ بحث کا یہ کوئی مدعا ہی نہیں ہے۔ ایسا اس لیے ہوتا ہے کہ موجودہ حالت کو بدلنا ہمیشہ تکلیف دہ ہوتا ہے۔

کچھ لوگ کہتے ہیں: ''اس لفظ (فیمنسٹ) کے لیے اتنا اصرار کیوں؟ یہ کیوں نہیں کہتیں کہ تم انسانی حقوق (یا اس سے ملتا جلتا کوئی لفظ) کی حمایتی ہو۔'' میں ایسا اس لیے نہیں کر پاتی کیونکہ یہ سراسر بے ایمانی ہوگی۔ وسیع تر نقطۂ نظر سے دیکھیں تو حقوق نسواں انسانی حقوق کے اندر شامل ہے، لیکن انسانی حقوق جیسی مبہم اصطلاح کو انتخاب کرنے کا مطلب یہ ہوگا کہ جنس کے یکدم واضح اور مرکزی موضوع سے آنکھیں چرانا۔ اس کا مطلب ہوا کہ سیکڑوں برسوں سے خواتین کو سماج کے مرکز سے کاٹ کر محروم رکھا گیا، اس سے انکار کہ جنسی مسئلہ صرف خواتین کو نشانہ بناتی ہے اور یہ خواتین کے انسان ہونے کے حق کو چھیننا ہے۔

صدیوں تک انسانی سماج کو دو حصوں میں بانٹا جاتا رہا ہے اور دھیرے دھیرے یہ رجحان ایک طبقہ کے تسلط اور جبر میں تبدیل ہو گیا۔ اس مسئلہ کو جب تک قبول نہیں کیا جاتا، تب تک انصاف نہیں کیا جا سکتا۔

کچھ مرد حضرات فیمنیزم کے تصور سے ڈرتے ہیں، خطرہ محسوس کرتے ہیں۔ مجھے لگتا ہے کہ اس کی جڑ میں لڑکوں کی پرورش کا دخل ہے، انھیں بچپن سے ہی گھٹی میں پلایا جاتا ہے کہ وہ بھلا کیا مرد، جس کا اپنے کنبے پر کنٹرول نہ ہو۔

کچھ دوسرے کہیں گے: ''درست، یہ بات دلچسپ ہے، مگر میں تمھاری طرح نہیں سوچتا۔ میرے لیے تو جنس (جینڈر) کچھ ہے ہی نہیں۔''

ممکن ہے یہ کوئی بات ہی نہ ہو، لیکن مسئلہ کی جڑ یہی ہے کہ بہتیرے مردانہ جینڈر کی بات سوچتے ہیں، نہ انھیں جنسی تفریق دکھائی دیتی ہے۔ بہت سوں کو لگتا ہے کہ پہلے کے زمانوں میں ایسا ضرور تھا، پر اب سب کچھ ٹھیک ٹھاک ہو گیا ہے سو تبدیلی کی کوشش غیر ضروری ہے۔

میں ایک مثال دیتی ہوں: آپ کسی ریستوراں میں جاتے ہیں اور ویٹر صرف آپ کو نمستے کرتا ہے تو کیا آپ کو یہ نہیں لگتا کہ پلٹ کر اس سے پوچھیں: ''تم نے، میرے ساتھ جو خاتون آئی ہے، اسے نمستے کیوں نہیں کیا؟'' ایسے تمام عام اور معمولی موقعوں پر مردوں کو کھل کر بولنا چاہیے۔

جینڈر کا معاملہ شرمندہ کرتا ہے، سو اس پرچی سادھ لی جائے، یہ سب سے سہولیت والا راستہ ہے۔ کچھ لوگ بتدریج ارتقا کے اصول کا حوالہ دے سکتے ہیں کہ جنگلات کے باشندوں کو دیکھو، مادہ نر کے سامنے سر جھکاتی

ہے، لیکن میں کہتی ہوں کہ ہم جنگلات کے باشندے تو نہیں ہیں۔ وہ پیڑوں پر رہتے ہیں، کیڑے مکوڑے کھاتے ہیں، ہم تو ایسا کچھ نہیں کرتے۔

کچھ ایسے بھی ہوں گے جو غربت کا حوالہ دے کر کہیں گے کہ غریبوں کو بھی بھاری مشکلوں کا سامنا کرنا پڑتا ہے۔ صحیح ہے، کرنا پڑتا ہے۔ لیکن یہ ساری چرچا اس مدعے پر نہیں ہے کہ جنس (جینڈر) اور طبقہ (کلاس) الگ الگ ایشوز ہیں۔ غریب مردوں کو بھلے ہی اقتصادی عیش و آرام نصیب نہ ہو، مردانگی کی عیاشی تو ان کے پاس برابر ہے ہی اور رہے گی بھی۔

کئی سیاہ فام مردوں سے بات کرتے ہوئے مجھے یہ اچھی طرح محسوس ہو گیا کہ ایک موضوع کیسے دوسرے موضوع کی یکدم ان دیکھی کر سکتا ہے۔ جبر کی تاریخ میں یہ اکثر دکھائی دیتا ہے۔ ایک بار میں اسی طرح کی بات کر رہی تھی کہ ایک نے کہا: ''تم عورتوں کی بات بار بار کیوں کرتی ہو، انسان کی بات کرو نا۔'' ایسی باتیں کہہ کر آپ کے نجی تجربوں کو ایک جھٹکے سے خارج کر دیا جاتا ہے۔

مجھے اس سے انکار کہاں ہے کہ میں ایک انسان ہوں، لیکن صنف مخالف ہونے کے ناطے مجھے زندگی میں جو کچھ جھیلنا پڑتا ہے، وہ جھوٹا کیسے ہو جائے گا؟ یہی آدمی اپنے سیاہ فام ہونے کے تمام تجربوں پر لیکچر دیتا پھرتا ہے (میں بھی تو اسے جواب دے سکتی تھی: ''تمھارے تجربوں کو مردوں یا انسان کے تجربوں کے طور پر کیوں نہ دیکھا جائے، سیاہ ہونے کی عاجزی کیوں؟'')

خیر، چھوڑیئے یہ سب، یہ بحث جینڈر پر ہے۔ کچھ ایسے بھی ہوں گے جو کہیں گے: ''جو کچھ بھی ہو، اصلی طاقت تو عورتوں کے پاس ہی رہنی ہے، کولھوں کی طاقت (نائیجریائی خواتین کا اپنی جنسیت کا استعمال کر کے مردوں سے کام کرا لینے کا رجحان)۔''

لیکن در حقیقت کولھوں کی طاقت کوئی حقیقی طاقت نہیں ہے، کیونکہ بھڑکاؤ کولھوں والی عورتیں بھی اس سماج میں کسی طرح کی طاقت نہیں رکھتیں۔ ان کے پاس بس یہ ایک اضافی راستہ ہے کہ وہ کسی طاقتور مرد تک آسانی سے پہنچ بنا سکتی ہیں۔ لیکن تب کیا ہوگا جب ساری فتنہ پروری کے بعد بھی مرد کو لبھانا ممکن نہ ہو؟ ہو سکتا ہے کہ اس کا موڈ بگڑا ہوا ہو، یا وہ بیمار ہو، یا کہیں وہ نامرد ہوا تو؟

یہ کہنے والے بہتیرے مرد مل جائیں گے کہ ہماری تہذیب خواتین کو مردوں کے مقابلے پست درجے کا گردانتی ہے؛ ماتحتی کا درجہ۔ لیکن تہذیب کوئی اٹل موضوع نہیں ہے، یہ مسلسل تغیر پذیر ہے۔ میری دو جڑواں خوبصورت بھتیجیاں ہیں، پندرہ سال کی۔ اگر آج سے سو سال پہلے وہ پیدا ہوئی ہوتیں تو آنکھ کھولتے ہی انھیں باہر لے جا کر مار ڈالا جاتا، کیونکہ سو سال پہلے ہماری 'اگبو تہذیب' میں جڑواں بہنوں کا جنم لینا بدشگونی مانا جاتا تھا۔ آج لوگوں کے لیے اس کا تصور بھی مشکل ہے۔

تب پھر تہذیب کس لیے؟ تہذیب یہی تو یقینی بناتی ہے کہ عوام الناس کے جذبات کی ہمیشہ قدر ہو اور

وہ محفوظ رہیں۔ اپنے خاندان کی بات کروں تو مجھے اپنی وراثت اور روایت کو جاننے کا قلق سب سے زیادہ رہتا ہے، میرے بھائیوں کی اس میں کوئی دلچسپی نہیں ہے۔ لیکن جب بڑے خاندانی فیصلوں کے لیے سب مل کر بیٹھتے اور صلاح ومشورہ کرتے ہیں تو وہاں میری کوئی جگہ نہیں ہوتی۔ 'اگبو رواج' میں ایسے فیصلوں میں لڑکیوں کی کوئی کردار نہیں ہونا چاہیے، خواہ اس سے سب سے زیادہ سروکاران کا ہو۔ اس لیے بڑے فیصلوں میں میری حصہ داری ممنوع ہے۔ یہ صرف اس لیے کیونکہ میں ایک خاتون ہوں۔

تہذیبیں انسانوں کو پیدا نہیں کرتیں، بلکہ اس کا اُلٹ ہوتا ہے۔ انسان ہی ہے جو کسی تہذیب کی تعمیر کرتے ہیں۔ اگر ہماری انسانی برادری کی تہذیب خواتین کو برابری کا درجہ نہیں دیا گیا ہے تو ہمیں نئی تہذیب بنانے کے بارے میں سوچنا چاہیے۔ اس طرح کی تہذیب کی تعمیر کرنا ضروری ہے۔

بچپن میں جو قصے میں نے سنے ہیں، ان سے معلوم ہوا کہ میری نانی پکی فیمنسٹ تھیں، نہ چاہتے ہوئے بھی جس سے انھیں بیاہا گیا تھا، اسے چھوڑ کر انھوں نے اپنی پسند کے مرد کے ساتھ شادی کر لی اور نبھائی۔ عورت ہونے کے ناطے جب کبھی بھی ان کے ساتھ ناانصافی کی گئی، وہ کبھی خاموش نہیں بیٹھیں، انھوں نے کھل کر مخالفت کی۔ یہ الگ بات ہے کہ ان کا 'فیمنسٹ' لفظ سے دور دور تک کوئی واسطہ نہ تھا۔ لیکن اس کا مطلب یہ بالکل نہیں ہوا کہ وہ فیمنسٹ نہیں تھیں۔

آج ہمیں اس لفظ اور احساسات کی تشریح کرنی چاہیے۔ فیمنسٹ کی میری تعریف میں وہ مرد یا عورت شامل ہیں، جو یہ مانتا/ مانتی ہیں: ''ہاں، آج جو حالات ہیں اس میں جینڈر ایک مسئلہ ہے اور ہمیں اس کا حل تلاش کرنا ہے، ہمیں پہلے کے مقابلہ میں ایک بہتر سماج بنانا ہے۔''

ہم سب کو، عورتوں اور مردوں دونوں کو، بہتر دنیا بنانی ہے۔

[بشکریہ 'سدا نیرا'، 8 مارچ 2018]

اظہار، نسائی اظہار اور مزاحمت

طاہرہ کاظمی

دنیا میں پچاس برس گزارنے کے بعد جب میں کسی حد تک کچھ باتوں کو تھوڑا بہت سمجھنے لگی تو میں نے محسوس کیا کہ میں بھی لکھ سکتی ہوں؛ اپنی یادوں کے بارے میں، ان یادوں کے حوالے سے جن میں ایک عورت تھی۔ ایک عورت جس کے پاس مخصوص اور مختلف یادیں تھیں؛ ایک ماضی تھا جو اسے دوسروں سے الگ لگتا تھا۔

لکھنے سے مجھے لگا کہ میرا حال میرے ماضی سے الگ ہو رہا ہے۔ اسے یوں بھی کہا جا سکتا ہے کہ ایک عورت تھی جس نے لکھنا شروع کیا اور اس نے محسوس کیا کہ وہ اپنی یادوں کے بارے میں لکھ سکتی ہے کیوں کہ ان یادوں میں ایک عورت تھی جو اس سے ملتی جلتی تھی، شباہت میں بھی اور حالات میں بھی۔ وہ عورت مجھ سے باتیں کرتی تھی اور مجھے اپنے بارے میں بتاتی تھی اور جو بھی وہ مجھے اپنے بارے میں بتاتی تھی مجھے لگتا تھا کہ وہ سب بہت جانا پہچانا، بہت دیکھا دیکھا اور بہت بیتا برتا سا ہے۔

اس نے مجھے بتایا کہ اسے اس کے جسم سے نکال دیا گیا ہے اور اب وہ بے جسم ہے۔ اس نے کہا باڈی لیس Bodyless تو تم سمجھتی ہی ہو گی لیکن میرا یہ بے جسمی پن یا باڈی لسنیس (Body lessness) بھوتوں پریتوں والا یا آواگون اور روحوں والا نہیں، حقیقی ہے، بالکل حقیقی۔ تم مجھے چھو کر دیکھ سکتی ہو۔

میں نے اسے چھو کر دیکھا۔ وہ حقیقی تھی، بالکل حقیقی۔ بالکل مجھ سی، بالکل میں۔ اس نے مجھے چھوا، میں نے اس کا لمس اپنے ہاتھوں پر محسوس کیا، اپنے چہرے پر اس کی سرد انگلیوں کو رینگتے ہوئے محسوس کیا۔ اس نے مجھے بتایا کہ اسے کیسے انتہائی پُرتشدد طریقے سے بے دخل اور بے جسم کیا گیا۔

اسی نے مجھے کہا کہ تم اب لکھنے لگی ہو۔ تم ایک گائینا کولوجسٹ ہو۔ تم نے ہزاروں عورتوں کو وہاں تک اور اس حال میں دیکھا ہے جس میں وہ خود بھی خود کو دیکھ نہیں سکتیں۔ دیکھ بھی لیں تو جان نہیں سکتیں۔ ضرور تم اپنے بارے میں لکھو۔ لیکن جیسے اپنے بارے میں، اپنے عورت اور ایک مخصوص الگ عورت ہونے کے بارے میں لکھتی

13 نسائی مزاحمت

ہو، اسی طرح دوسری عورتوں کے بارے میں بھی لکھو۔ لکھنے والی اور نہ لکھنے والی عورتوں کے بارے میں۔ تو میں نے طے کیا کہ میں ممکن حد تک اور زیادہ سے زیادہ عورتوں کو سمجھنے کی کوشش کروں گی، میں انھیں جس حد تک بھی سمجھوں گی، کم از کم اس حد تک ان کے بارے ہی میں لکھوں گی۔ میں ان عورتوں کو بھی سمجھنے کی کوشش کروں گی، جو لکھتی ہیں اور اسے بھی جو وہ لکھتی ہیں۔ میں انھیں سمجھوں گی اور ممکن حد تک دوسروں کو سمجھاؤں گی۔ اسی سے مجھے لگا کہ مجھے عورتوں سے کہنا چاہیے کہ ہر عورت کو اپنے بارے میں خود لکھنا چاہیے۔ سب عورتوں کو عورتوں کے بارے میں سمجھنے کی کوششیں کرنے چاہئیں اور جو کچھ سمجھیں اسے لکھنا چاہیے اور انھیں عورتوں کو اپنی تحریر میں لانا چاہیے۔ عورتوں کو عورتوں کے ان حالات اور مقامات کے بارے لکھنا چاہیے جہاں سے انھیں انتہائی پُرتشدد طریقے استعمال کر کے نکالا اور بے دخل کیا گیا ہے۔

ہر انسان کا جسم اس کا گھر، اس کا ملک اور اس کی دنیا ہوتا ہے اور اگر آپ عورت کو بھی انسان سمجھتے ہیں تو آپ کو کہنا ہوگا کہ ہر عورت کا جسم بھی اس کا گھر، اس کا ملک اور اس کی دنیا ہوتا ہے۔ کیا انسانوں کو اپنے جسموں پر، اپنے گھروں پر، اپنے ملکوں پر اور اپنی دنیاؤں پر اختیار نہیں ہونا چاہیے؟ تو پھر وہ کون ہیں جو اس بات پر ناراض ہو جاتے ہیں؟ کیا وہ نہیں چاہتے کہ انھیں ان کی ذات پر، ان کے ملک میں اور ان کے گھر میں اختیار حاصل ہو، اور ان تینوں مقامات پر جو بھی ہو، اس میں ان کی مرضی بھی شامل ہو، جو بھی ہو اس میں ان کی رضامندی کا بھی خیال رکھا جائے؟ یہی تعلق ان میں اور ان کے گھروں میں بھی ہونا چاہیے اور یہی رشتہ ان کا ان کے جسموں سے بھی ہونا چاہیے۔

یہ بات اگر آپ کو عجیب لگے تو ممتاز فرانسیسی مصنفہ، مفکر اور فیمینسٹ ہیلینی سسکو Helene Cixous کا کہا سن لیں:

> 'Woman must write her self must write about women and bring women to writing, from which they have been driven away as violently as from their bodies-for the same reasons, by the same law, with the same fatal goal. Woman must put herself into the text-as into the world and into history-by her own movement.

ہیلینی سسکو کو میں نے حال ہی میں پڑھا۔ ان کی طرف مجھے خالد جاوید نے متوجہ کیا۔ وہ ہندوستان کے ممتاز فکشن رائٹر ہیں۔ سسکو کا ذکر انھوں نے میری کتاب کے حوالے سے کیا ہے۔ اس ذکر کے بعد میں نے انھیں تلاش کیا، جس کے نتیجے میں مجھے ان کا مضمون *The Laugh of the Medusa* ملا۔

سسکو فرانسیسی میں لکھتی ہیں اور ان کے اس مضمون کا انگریزی ترجمہ Keith Cohen and Paula Cohen نے کیا ہے۔

میڈوسا یونانی اساطیر میں ایک ایسی عورت ہے جسے منفی کردار کے طور پیش کیا گیا ہے۔ میڈوسا کے بال

سانپوں کی شکل کے ہیں اور میڈوسا جسے دیکھتی ہے اسے پتھر کا بنا دیتی ہے۔

اس کے باوجود میڈوسا یونانی دیوتاؤں کے عتاب کا شکار ہوئی۔ ریپ کے بعد میڈوسا کو قتل کر کے اس کے سر کو دیوتاؤں نے اپنی ڈھال کے طور پر استعمال کرنا شروع کیا کیونکہ اس کا سر کٹنے کے بعد بھی وہ طاقت قائم تھی کہ جس کو بھی دیکھے اسے پتھر کا بنا دے۔ ایک غیر معمولی عورت کی صلاحیتوں اور قابلیت کو منفی تاثر دے کر اسے تاریخ کا منفی کردار بنا دیا گیا۔ لیکن سسکو کا کارنامہ یہ ہے کہ انھوں نے میڈوسا کے کردار کو زندہ کرتے ہوئے دوبارہ تخلیق کیا۔

انھوں نے کہا کہ ہر عورت کو اپنی آزادی کی خاطر اتنا ہی طاقتور ہونا چاہیے اور ہر عورت کو میڈوسا کی طرح کا ردعمل ظاہر کرنا چاہیے، اگر اس کے اظہارِ رائے کے سامنے کوئی رکاوٹ آئے۔ سسکو نے میڈوسا کو مزاحمت کی علامت بنایا؛ نسائی مزاحمت کی علامت۔ یہ ایسے ہی ہے جیسے البرٹ کامیو نے سسیفس کے کردار کو نیا تعارف دیا۔ سسیفس ایک ایسا کردار ہے جس کو یہ سزا دی گئی ہے کہ اسے ایک بھاری پتھر ایک پہاڑی پر چڑھانا ہے اور جب انتہائی مشکل سے وہ اس پتھر کو چوٹی تک چڑھا لیتا ہے اور اپنی سزا مکمل کر کے پلٹتا ہے تو پتھر پھر نیچے لڑھک جاتا ہے۔ لڑھک جاتا ہے یا لڑھکا دیا جاتا ہے اور سسیفس کی سزا نامکمل رہ جاتی ہے، اسے پھر نیچے جانا ہے اور پتھر اٹھا کر پھر اوپر لانا اور چوٹی پر رکھنا ہے۔ کامیو نے سسیفس کو ایک ایسی علامت کے طور پر پیش کیا جو جدوجہد کو ظاہر کرتی ہے۔ کیونکہ سسیفس ہار نہیں مانتا، اسے نتیجے کی فکر اور پرواہ نہیں، وہ اپنے کام کو دیکھتا ہے اور اسے کرتا جاتا ہے۔ اس کا ایمان یہ ہے کہ مجھے یہ کام کرنا ہے۔

تو سسکو کہتی ہیں عورتوں کو چاہیے کہ وہ خود لکھیں، عورتوں کے بارے میں لکھیں، عورتوں کو تحریروں میں لائیں۔ ان تحریروں میں جن سے انھیں انتہائی متشدد طریقوں سے نکال دیا گیا تھا، بالکل اسی طرح جیسے انھیں ان کے جسموں سے نکالا گیا، اسی سبب سے، اسی قانون کے تحت اور اسی اندوہناک مقصد کے لیے۔

کیسے اور کیوں؟

ان کی کوئی رائے نہیں، ان کا کوئی خیال نہیں، انھیں کسی قسم کی اجازت نہیں، کسی بھی معاملے میں ان کی مرضی نہیں، ان کا اپنے کسی بھی معاملے پر اختیار نہیں، تو وہ اب اپنے جسموں سے عاری ہیں۔

سسکو تجویز کرتی ہیں عورتیں جس طرح اپنی تحریکوں کے ذریعے خود کو دنیا اور تاریخ میں لائی ہیں، اسی طرح اب انھیں خود کو اپنی تحریروں اور متون میں بھی لانا چاہیے۔

مستقبل کا تعین ماضی سے نہیں ہونا چاہیے۔ اس سے انکار نہیں کیا جا سکتا کہ ماضی کے اثرات حال پر پڑتے ہیں اور پڑتے رہیں گے۔ لیکن انھیں دہرا کر تقویت نہیں دی جانی چاہیے۔ انھیں تقدیر کا مساوی اور ناقابل واپسی مقام نہیں دیا جانا چاہیے۔ توقع اور امید کو ہمیشہ موقع دینا ضروری ہے۔

زندگی کے تمام عکس مختلف مقامات پر اپنی ہیئت یا شکل اختیار کرتے ہیں جہاں سے انھیں دریافت کیا

جا سکے، ایسے ہی کہیں نہ کہیں ان پر ہمارے وقت کے نشان بھی ہوں گے۔

ایک ایسے ہی وقت میں نیا پرانے سے الگ ہوتا ہے اور زیادہ واضح طور پر نسائی یا نسائی تناظر میں، نیا پرانے میں سے (la nmwelle de l'ancien) یعنی پرانے میں سے نیا سامنے آتا ہے۔ ہر نئے ڈسکورس کے لیے کیوں کہ کوئی بنیاد نہیں ہے تو ہمیں اس ہزاروں سالہ بنجر میں سے ہی ایک بنیاد استوار کرنا ہوگی۔

ہمیں کم از کم دو مقاصد سامنے رکھنے ہوں گے، وہی دو مقاصد جو اب تک سامنے نہیں رکھے گئے: لگے بندھے تصورات کو نیست و نابود کرنا؛ اور غیر متوقع کا اندازہ لگانا، اسے سامنے لانا۔

تحریروں میں جب لفظ 'عورت' لکھا جاتا ہے تو یہ روایتی مرد کے خلاف ناگزیر جدوجہد کرنے والی عورت کی بات ہوتی ہے۔ ایک ایسی ہمہ گیر عورت جسے نہ صرف دنیا کے ہر جغرافیے کی عورت کو اس کے گم شدہ ہوش وحواس واپس دلوانے میں مدد کرنی ہے بلکہ اسے تاریخ میں اس کے اپنے معنی تک بھی پہنچانا ہے۔

لیکن سب سے پہلے یہ کہنا ضروری ہے کہ عورتوں کو اندھیرے میں رکھنے والے اس جبر کی وسعت کے باوجود عورتوں کو اس اندھیرے کی تاریکی اور اس سے پیدا ہونے والی خرابیوں کا ادراک کرنا ہوگا، کیوں کہ یہ اندھیرا جسے مردوں کی بہت بڑی اکثریت اپنا وصف اور شناختی خصوصیت مانتی رہی ہے اور مانتی ہے اور شعوری وغیر شعوری طور پر اِسے اپنا صنفی فرض بھی قرار دیتی ہے۔

اس وقت کوئی عورت عام عورت نہیں ہے بلکہ ایک بات تمام عورتوں میں مشترک ہے کہ وہ عام نہیں ہیں۔ ان میں سے ہر ایک اپنی انفرادیت کا بے مثال نمونہ ہے۔ یہی وہ چیز ہے جو انتہائی متاثر کرتی ہے کہ ان کے پاس انفرادیت کی لامحدود فراوانی ہے۔ خواتین کی جنسیت کے بارے میں یکساں کوڈز مختص نہیں کیے جا سکتے، مخصوص معنی دینے والی اصطلاحات میں بات نہیں کی جا سکتی، نہ ہی عورتوں کی درجہ بندیاں کی جا سکتی ہیں۔ زیادہ سے زیادہ ان میں ایک دوسرے سے لاشعوری مشابہت کے بارے میں بات کی جا سکتی ہے۔ موسیقی، پینٹنگ اور ادب میں خواتین کا تخیل ناقابل تسخیر اور ناقابل تقابل ہے۔ لیکن ابھی خواتین کی موسیقی، مصوری اور ادب کو دیکھنے کے منصفانہ معیارات دریافت نہیں کیے جا سکے ہیں۔ ابھی تک انھیں پدرسری سوچ کی بنیاد پر بنائے گئے معیاروں سے ہی دیکھا اور پرکھا جاتا ہے۔

پدرسری اثرات دنیا کی تمام زبانوں میں ہیں اور کیوں نہ ہوں گے کیونکہ زبان بنیادی ہتھیار رہے۔ اس لیے جب تک زبانوں کی بنیادوں میں چھپ کر بیٹھی پدرسریت کو پرکھا نہیں جائے گا اور زبان کو غیر جانبدار نہیں بنایا جائے گا، تب تک پدرسری اثرات سے پاک تصورات قائم نہیں ہو سکتے۔ ہو بھی گئے تو پہلے سے موجود زبان میں اظہار پا کر وہ، وہ نہیں رہ سکیں گے جو وہ ہوں گے۔

تمام زبانوں اور ان کے الفاظ کو اب تک جو معنی دیے گئے ہیں، وہ تصورات کو متعین حدود سے نکلنے کی راہ میں رکاوٹ ہیں۔ اردو میں عورتوں کے اعضا کو بیان کرنے کے لیے الفاظ کا شدید فقدان ہے اور اس کا اندازہ

اس وقت ہوتا ہے جب ایک مریض عورت ایک ڈاکٹر کے پاس آتی ہے اور ڈاکٹر کہنا کافی نہیں، آپ کو لیڈی ڈاکٹر کہنا ہوگا۔ مریضہ آتی ہے اور انتہائی مشکل سے کہتی ہے:

مجھے تکلیف ہے۔

پوچھا جاتا ہے، کیا تکلیف ہے؟

جواب ملتا ہے، تکلیف ہے۔

پوچھا جاتا ہے، کہاں تکلیف ہے؟

جواب ملتا ہے، وہاں تکلیف ہے۔

سوال: کہاں؟

جواب: وہاں!

وہاں، کہاں؟

نیچے۔

نیچے کہاں؟

نیچے... وہاں۔

اس کے پاس حوصلہ نہیں ہے، اس کے پاس جرأت نہیں ہے اور اس کے پاس الفاظ نہیں ہیں، یعنی زبان۔

کیوں نہیں ہیں؟ اس لیے کہ اسے اپنے جسم کے لیے غیر بنا دیا گیا ہے۔ بے اختیار بنا دیا گیا ہے۔ بقول سسکو، اسے اس کے جسم سے نکال دیا گیا ہے، بے دخل کر دیا گیا ہے۔

سوچنے کی بات یہ ہے کہ لفظ و معنی کا رشتہ کیا ہے؟ کیا الفاظ کے خود اپنے معنی ہوتے ہیں؟ اگر ہم کسی زبان کو نہیں سمجھتے تو اس کے الفاظ اگر ہم سن یا پڑھ بھی لیں تو وہ اپنے معنی ہمیں منتقل کیوں نہیں کر سکتے؟ ان کے اپنے معنی ہوتے ہیں تو وہ الفاظ ہمارے لیے بے معنی کیوں رہتے ہیں؟ اس کا مطلب یہ ہوا کہ الفاظ کے معنی وہ ہوتے ہیں جو ہم انھیں دیتے ہیں، انھیں الاٹ کرتے ہیں۔

گالیوں کو ہی لے لیں۔ گالیوں میں استعمال ہونے والے بہت سے الفاظ کا بذات خود کوئی مطلب نہیں ہوتا۔ نہیں تھا۔ اسے معاشرے نے بلکہ پدرسری معاشرے نے معنی کا چولا پہنایا ہے۔ ان الفاظ کے ساتھ شرم و فحاشی اور عورت کو کمتر دکھانے کا ایک سبب بنایا ہے کہ اگر آج عورتوں کے سامنے آپ وہ الفاظ بولیں، جو 'چ' یا 'پ' سے شروع ہوتے ہیں تو ظاہر ہے ہر عورت شرمندہ ہو کر سر جھکا لے گی، منھ پھیر لے گی۔ ایک طرف ہو کر بیٹھ جائے گی اگرچہ اس میں اس کا کوئی قصور نہیں ہوگا۔

ہمارے معاشروں میں جو بھی معاشرت، ثقافت اور حالات ہیں، کیا وہ آزادانہ لکھنے کے لیے سازگار

ہیں؟ کیا وہ آزادی کے لیے سازگار ہیں؟ پھر بھی اردو میں جن عورتوں نے لکھا ہے، کیا اُسے پڑھنے کے لیے درکار ذہن موجود ہے؟ کیا مردانہ ذہن سے، پدرسری ذہن سے اور سوچ سے اُسے سمجھا جا سکتا ہے؟

نہیں ہے۔ ہرگز نہیں ہے۔

مجھے کہنے دیجیے ابھی تو ہم عورتوں نے عورت ہو کر، خود کو عورت مان کر لکھا ہی نہیں۔ کیسے لکھا جا سکتا ہے۔ ابھی تو عورتوں کی اکثریت کے لیے خود کو عورت ماننا، خود کو نسائی معنوں میں عورت ماننا ممکن ہی نہیں ہوا۔ ابھی تو زبان کے نسائی تصور نے اپنی شکل ہی نہیں بنائی اور ابھی نسائی کردار کا تصور کا خیال تک پیدا ہوا۔ کیسے ہوتا، کیوں کہ ابھی تو زبان کا صنفی تصور پیدا ہونا، پرورش پانا، اپنی جگہ بنانا اور اپنی حدود کا تعین کرنا ہے۔ ابھی دستیاب زبان میں چھپی نام نہاد مردانگی اور پدرسریت کی بالادستی کے جکڑ کر رکھنے والے اثرات کی نشاندہی ہونی ہے۔ پھر اس کی صفائی کی طریقوں کے بارے میں سوچا جانا ہے۔

جب یہ عمل ہو جائے گا اور عورت کی اپنی زبان اپنے معنی میں اپنا اظہار کرنے لگے گی تو عورت لکھے گی۔ لکھنے والی وہ عورت بتائے گی کہ ہم ہی نہیں، ہم سے پہلی نسلیں بھی کیسے حالات اور کیسی پابندیوں کا اور کیسی جکڑ بندیوں کا شکار رہیں۔ ہم نے کیسے کیسے ان پابندیوں سے نکلنے کی کوششیں کیں یا نہیں کیں۔

لیکن کیا تب تک عورت کچھ بھی سوچنے سے معذور رہے گی؟

کیا تب تک عورت بات نہیں کرے گی؟

کیا تب تک عورت لکھے گی نہیں؟

نہیں، نہیں۔

وہ سوچنے کی کوشش کرے گی۔

وہ بات کرنے کی کوشش کرے گی۔

وہ لکھنے کی کوشش کرے گی۔

میری تمام تحریریں اسی کوشش کا حصہ ہیں۔ اب یہ آپ پر منحصر ہے کہ آپ انھیں کیسے پڑھتے ہیں۔

مرد بن کر؟

عورت بن کر؟

عورتوں کو محکوم رکھنے والے مرد بن کر؟

مردوں کی محکوم رہنے والی عورت بن کر؟

پدرسری کے مرض کو سمجھنے والی عورت بن کر؟

روشن خیال اور تبدیل ہوتے ہوئے مرد کے ساتھ رہنے والی عورت بن کر؟

یا ایک دوسرے کے شریکِ حیات اور ایک دوسرے کو انسان سمجھنے والے مرد اور عورت بن کر؟

ایران میں عورت کی خود مختاری کا سوال

پریتی چودھری

ترجمہ: اشعر نجمی

ایران کی مسیح علی نژاد آج اسلامی ممالک میں عورت کی آزادی یا خودمختاری کی جدوجہد کا استعارہ بن چکی ہیں۔ ان کی اس مہم کو پوری دنیا سے تعاون مل رہا ہے۔ ان کی معروف کتاب The Wind In My Hair: My Fight for Freedom in Modern Iran' کے حوالے سے پریتی چودھری کا مضمون پیش خدمت ہے۔

ایرانی صحافی مسیح علی نژاد آج پوری دنیا میں جانی جاتی ہیں۔ ایران کے ایک چھوٹے سے گاؤں گھومیکولہ سے ایک لڑکی نکلی، ان پڑھ اور انتہائی غریب گھرانے سے تعلق رکھنے والی لڑکی کا نیویارک تک کا سفر ایک ایسی صحافی کی جدوجہد ہے جسے لڑکی ہونے کے ناطے بچپن سے ہی پابندیوں کا سامنا کرنا پڑا اور وہ چھوٹی چھوٹی خوشیوں سے محروم رہی۔ اپنے بھائی کی طرح سائیکل چلانے کی خواہش اور سوال پوچھنے کی عادت سے اس کے سفر کا آغاز ہوا جو اسے ایک دن اسلامی جمہوریہ ایران کے خلاف کھڑا کر دیتا ہے اور وہ ہمارے دور کی ایک بڑی عوامی تحریک کی رہنما بن جاتی ہے، جس کی بازگشت پوری دنیا میں سنائی دیتی ہے۔ تین سو پچانوے صفحات پر محیط اس جدوجہد کی داستان نے مجھے آخر تک ایک قاری کی حیثیت سے جکڑے رکھا۔

ایران کی جیلوں میں بھرے گئے شہری حقوق کی جدوجہد کرنے والے کارکن ہوں یا پھر عورتوں کی نگرانی پر مقرر اخلاقی پولیس کے ظلم و استحصال کی داستان، مسیح علی نژاد کے قارئین اس کتاب میں سب سے روبرو ہوتے چلے جاتے ہیں۔ ماحولیات سے لے کر ایران کے جوہری پلانٹ تک کے مسائل جو بین الاقوامی سیاست میں دلچسپی رکھنے والوں کے لیے مانوس موضوعات ہیں، لیکن ان ایشوز کا نیا پن اس بات میں ہے کہ آسٹریلیا، جرمنی

اور یورپی یونین کی خواتین رہنماؤں (وزرا) نے اپنے ایران کے دورے میں ایرانی عورتوں کی جدوجہد کے ساتھ کھڑے ہونے کی بجائے اقتدار کی منھ بھرائی کو ترجیح دی۔ ظاہر ہے کہ خواتین سفیروں کی اولیت اپنے ملک کے سفارتی مفادات تک ہی محدود رہی ہوگی نہ کہ ریاست کے خلاف جاری کسی تحریک کے ساتھ یکجہتی کا اظہار کرنے میں ان کی دلچسپی ہو۔ لیکن مسیح علی نژاد کا خیال ہے کہ یہ استحصال اور ناانصافی کے خلاف کھڑے ہونے کا معاملہ بھی تھا جسے ان خواتین رہنماؤں نے نظرانداز کر دیا۔

مجھے اس کتاب کا سب سے دلچسپ اور پُرجوش باب مسیح علی نژاد کے 'مجلس' یعنی ایرانی پارلیمنٹ کی رپورٹنگ کے دوران ان کی صحافت کی اونچائی نظر آتی ہے جب وہ یکے بعد دیگر رکن پارلیمنٹ اور پارلیمانی عمل کی بدعنوانیوں کو اجاگر کرتی ہوئی اسلامی جمہوریہ کے طور طریقوں کی پرتیں اُدھیڑتی ہیں۔ سارا معاملہ ہی حکومت کے ذریعہ عوامی نمائندوں کو ناجائز اور غیر قانونی مراعات پہنچانے کا ہے تاکہ وہ حکومت کے احسانوں تلے دبے رہیں۔ عوام کے ساتھ ہوتی سازشوں کو بے نقاب کرتی، کئی اخباروں میں ایک ساتھ پہلے صفحے پر شائع ہونے والی اس جانباز صحافی کو 'مجلس' بالآخر عاجز آ کر برخواست کر دیتی ہے، اور ان کا 'پریس کارڈ' ضبط کر لیا جاتا ہے۔ 'مجلس' سے نکالی گئی اس صحافی کو عوام اپنے سر آنکھوں پر بٹھا لیتی ہے۔ مسیح علی نژاد کی جان پر خطرہ ہے، اس کی کبھی بھی گرفتاری ہو سکتی ہے یا اسے قتل کیا جا سکتا ہے لیکن مسیح کا قلم ہے کہ رکتا نہیں۔ یہاں یہ بتانا ضروری ہے کہ مسیح کی دھماکہ خیز خبروں کے ذرائع بھی 'مجلس' کے ہی کچھ ارکان ہیں، یعنی دبیز تاریکی میں کچھ چراغ جلتے ہی رہتے ہیں۔ 'مجلس' میں کچھ ایسے لوگ تھے جو عوام تک سچ پہنچانا چاہتے تھے۔

مسیح علی نژاد کی سوانح عمری میں ایران کے تمام سیاسی واقعات کی تصویر کشی کے ساتھ ساتھ ہمیں وہاں کے اصلاح پسند اور قدامت پسند گروہوں کے ایجنڈوں اور تضادات کا بھی علم ہوتا ہے۔ ایران کی تمام اہم ایرانی شخصیات، ان کے نظریات کے ساتھ مکمل انتخابی عمل پر ایک 'اِن سائڈر' صحافی کے روپ میں مسیح علی نژاد کی بے حد تیز دھار تجزیہ ہمیں پڑھنے کو ملتا ہے۔ یہ اس خاتون صحافی کے تیور ہیں جسے 'مجلس' اور پارلیمنٹ برداشت نہیں کر پاتے اور بالآخر مسیح علی نژاد کو ایک دن ایران سے بے دخل کر دیا جاتا ہے۔

یہ کتاب اس بارے میں بھی ہے کہ دنیا کی قدیم تہذیبوں میں سے ایک، فارسی کی عظیم ثقافتی وراثت فردوسی، رومی اور حافظ کے ملک کو کس طرح 1979 کے انقلاب کے بعد سے اسلامی قوانین کے نام پر ایک تنگ اور متعصب سماج میں بدل دیا گیا ہے، اور یہ بھی کہ ایران میں اس کی مخالفت کی آوازیں شروع ہی سے موجود رہی ہیں، جبری رضامندی آمریت کی پرانی فطرت ہے۔ حجاب کو کلچر کا جزو بنانا اور مذہبی ثقافتی شناخت سے منسوب کرنے پر ہی مسیح علی نژاد کو سب سے بڑا اعتراض ہے، وہ بار بار ہر جگہ اپنا موقف واضح کرتی ہیں کہ وہ حجاب کے خلاف نہیں ہیں، وہ ایرانی خواتین کے لیے 'انتخاب کی آزادی' چاہتی ہیں۔ جس عورت کی خواہش حجاب پہننے کی نہ ہو، اسے مجرم قرار دے کر جیل میں نہ ڈالا جائے۔

وہ حجاب کی لازمیت کو مسترد کرتی ہیں۔ سوچیے کہ جب سات سال کی عمر سے ایک بچی سوتے وقت بھی حجاب پہنتی ہو اور تیس سال کی عمر کے قریب کسی دن، ہوا کا ایک جھونکا آئے اور بغیر حجاب والی اس کی زلفوں کی لٹوں کو چھو کر گزر جائے اور اس کے لمس کی سیہرن لڑکی کو اندر تک محسوس ہو تو اسے کیسا محسوس ہوا ہوگا۔ ہوا کا زلفوں میں اٹک جانا اور بالوں کا اُڑنا اگر مسیح علی نژاد کو اپنی آزادی کی بشارت محسوس ہوتا ہے تو اس میں کوئی مبالغہ نہیں ہے۔

ظاہر ہے مسیح کو یہ آزادی ایران میں نہیں بلکہ لندن میں نصیب ہوتی ہے۔ حالاں کہ وہ اپنی کچھ ساتھی خواتین صحافیوں کے ساتھ حجاب ترک کرنے کا مختصر ایڈونچر لبنان میں بھی بیان کر چکی ہیں۔ لبنان میں ہی اپنی ایک ساتھی کے ساتھ امریکی سفارت خانے تک پہنچ جانا (ایران کا نامزد دشمن) خاصا پُرلطف بھی ہے۔ تیسری دنیا کے ملک کی ایک جستجو کہ دیکھیں تو دنیا کے سُپر پاور کا سفارت خانہ کیسا لگتا ہے۔

امریکہ کے لیے کشش صرف اس کا سُپر پاور ہونا نہیں، مسیح علی نژاد کے لیے وہ مارٹن لوتھر کنگ کا بھی دیش ہے جن کی عالمی شہرت یافتہ تقریر 'I have a dream' کو انصاف پسند نسلیں دہراتی رہی ہیں۔ ہائی اسکول میں جب مسیح علی نژاد پڑھ رہی ہوتی ہے، ان کا شاعری سے عشق عروج پر ہے، لیکن اسلامی انقلاب کے بعد کے ایران میں اگر عوامی سطح پر کچھ پڑھا جا سکتا ہے تو وہ ہے قرآن۔ اچھی آواز کے سبب مسیح اسکول کی اسمبلی میں قرآنی آیات کی قرأت کرنے کی وجہ سے جانی جاتی ہے لیکن مسیح کے شعور کے کیا کہنے۔ ایک خاص دن وہ مائک سے قرآنی آیات کے بجائے عشقیہ شاعری سنانے لگتی ہے اور بچے خوشی سے تالیاں بجانے لگتے ہیں۔

مسیح علی نژاد کو اسکول سے نکال دیا جاتا ہے اور اسی موڑ پر ہم اس کی اَن پڑھ ماں زرین کی قدآور شخصیت کو صحیح طور پر جان پاتے ہیں۔ بیٹی کے خیالات سے وہ متفق نہیں، لیکن وہ اسے جرم بھی نہیں مانتیں اور اپنی بیٹی کے دفاع کے لیے تعلیمی انتظامیہ کے افسران سے بھڑ جاتی ہیں اور انھیں اپنی منطق سے لاجواب کر دیتی ہیں۔ زرین اعلیٰ افسران سے جرح کرتی ہیں کہ لڑکی کے دل میں سوال ہونا غلط نہیں ہے، انتظامیہ کے پاس ان سوالوں کا جواب ہونا چاہیے جس سے اسے گمراہ ہونے سے بچایا جا سکے۔ مسیح علی نژاد کی ماں بے حد محنتی، خوددار اور معاشی طور سے خود انحصاری ہیں، جو مقامی زبان 'مزارین' میں بہترین شاعری کرنے کے لیے پورے گاؤں میں جانی جاتی ہیں۔ مسیح علی نژاد کی فطرت میں بھی ماں کی خود داری نظر آتی ہے، فرق یہ ہے کہ بیٹی کے ہاتھوں میں ماں نے کتاب پکڑا دی جس سے وہ ہمیشہ محروم رہیں اور کتابوں نے ان کی بیٹی کی پوری زندگی بدل دی۔ کتابوں کی رفاقت میں مسیح نے اپنے گھر کی دیوار پر ایک فوٹو فریم آویزاں کیا جس میں فلسفی ڈیکارٹ کے قول جگمگا رہے تھے، 'I think therefore I am' (میں سوچتی ہوں اس لیے میں ہوں)۔

بیٹی سوچتی ہے، اس لیے اسے لگتا ہے کہ سر ڈھانپنا صرف سر ڈھانپنا نہیں ہے، عورت کی پوری سوچ کو قابو میں کرنے کی سازش ہے۔ پڑھا کو بیٹی نے ترجمے کے سہارے چارلس ڈکنز سے لے کر مارکس تک کو پڑھ لیا تو اعتقاد کے بھروسے چلنے والی چیزیں اس کے سامنے ٹکتی بھی کہاں۔ ایک اسکول سے نکل کر دوسرے میں جانے کے بعد مسیح اپنے ارادوں سے بھٹکتی نہیں ہے۔ وہ اظہار رائے کی آزادی کے لیے اپنے جیسے ہم خیال نوجوانوں کے

ساتھ مل کر اسٹڈی سرکل بناتی ہے، پرچے لکھ کر رات کو شہر کی دیواروں پر چسپاں کرتی ہے۔ مسیح کا ساتھ دینے کے لیے اس کے پاس دوستوں کا ایک چھوٹا سا گروپ ہے جس میں اس کا بھائی علی اور دوست رضا ہے جو بعد میں مسیح علی نژاد کا شوہر بنتا ہے۔ اپنے ہونے والے شوہر سے مسیح شادی سے پہلے ایک شرط رکھ دیتی ہے اور وہ ہے طلاق دینے کا حق۔ طلاق دینے کا خصوصی حق صرف مردوں کو حاصل ہے نہ کہ عورتوں کو۔ یہ علیحدہ بات ہے کہ مسیح کا طلاق بڑی جلدی ہو جاتا ہے اور وہ بھی شوہر کے ذریعہ یہ کہہ کر دیا جاتا ہے کہ اسے کسی اور عورت سے عشق ہے۔ دیکھا جائے تو مسیح شادی کے لیے بنی ہی نہیں تھی، اس کے خواب اور سروکار بہت بڑے تھے، اس لیے شادی ٹوٹنے کے بعد وہ تھوڑی غم زدہ ضرور ہوئی لیکن جلد ہی سمجھ گئی کہ طلاق نے اسے اپنی قابلیت اور توقعات کو تراشنے کا موقع دیا ہے، اور مسیح نے بلاشبہ اس موقع کو ضائع نہیں ہونے دیا۔ ہمیشہ کمتری کا احساس دلانے والے شوہر سے آزادی حاصل کر کے مسیح علی نژاد کی تحریری صلاحیت کو نکھرنے کا موقع نصیب ہوا۔

ایران کے بااثر اخباروں اور نیوز ایجنسیوں کے ساتھ کام کرنے والی مسیح علی نژاد کے سامنے پورا آسمان کھلا ہوا تھا، لیکن اگر کچھ ڈھکا ہوا تھا تو سر اور وہ نظام جس کی تحقیقات وہ ڈوب کر کر رہی تھی۔ جب 'مجلس' (ایرانی پارلیمنٹ) نے مسیح کو برخواست کیا تو ایک بلاگ نے عنوان لگایا: "285 Deputies Against One Journalist."

'مجلس' کی رپورٹر صحافی سے پورا ایران واقف تھا لیکن اب 'مجلس' سے برخواست کے بعد جب 'بی بی سی' نے اس پر خبر بنائی اور 'فنانشیل ٹائمز' نے اس کا انٹرویو شائع کیا تو بین الاقوامی سطح پر بھی مسیح علی نژاد نے اپنی موجودگی درج کرا دی۔

مسیح علی نژاد کی زندگی کا دوسرا اور تیسرا دور جو لندن اور امریکہ میں شروع ہوتا ہے، وہ ان کی غیر معمولی صحافتی درون بینی اور تقریری صلاحیت کی تصدیق کرتا ہے۔ سوشل میڈیا کے مختلف پلیٹ فارموں کے بخوبی استعمال اور تکنیکی مدد سے اپنے لوگوں سے وابستہ رہنے کے ان کے جذبے اور ہزاروں میل دور رہ کر بھی ظلم اور مزاحمت کی کہانیوں کو پہلے فون پر گھنٹوں تک سننے، پھر لکھ کر انھیں دستاویزی شکل دے کر ٹی وی پروگرام تیار کر کے انھیں دنیا سے شیئر کرنے کی غیر معمولی جرأت ان کی شخصیت کو نئی بلندیاں عطا تو کرتی ہی ہے، انھیں انسانی حقوق اور نسائی حقوق کے لیے وقف ایک کارکن کی حیثیت سے بھی قائم کرتی ہے۔ مسیح علی نژاد سویڈن کی فیمنسٹ حکومت کے دوغلے پیمانوں پر (جب وہ سابق امریکی صدر ڈونالڈ ٹرمپ کا پوسٹر بنا کر ان کی 'مردانہ ذہنیت' کا مذاق اڑاتی ہے لیکن ایران جا کر وہ مخصوص ثقافت کو عزت دینے کے نام پر پدری اقتدار اور عورت مخالف حکومتی نظام کے سامنے اسکارف سے سر ڈھانپ لیتی ہے) سوال اٹھاتی ہیں تو امریکہ کے سابق صدر ٹرمپ کے اسلاموفوبیا پر بھی حملہ آور ہوتی ہیں اور امریکی مہاجرین کے لیے ان کے نظریے اور رویے پر جاری مخالف جلوسوں میں جوش و خروش سے حصہ بھی لیتی ہیں۔ میکسیکو کی سرحد پر دیوار بنانے کے ٹرمپ کے اعلان پر مسیح کے ہاتھ میں پوسٹر آ جاتا ہے جس پر لکھا ہے: ہم سب مہاجرین ہیں، پُل بناؤ دیوار نہیں۔ (Make bridge not wall) مسیح کو امریکہ کی

جمہوریت حیران اور پُر جوش کرتی ہے۔ امریکہ کا صدر اگر دنیا کا سب سے طاقتور شخص ہے تو اس سب سے طاقتور شخص کے سامنے امریکی عورتیں اپنا احتجاج درج کرنے سڑکوں پر اُتر رہی تھیں۔ مسیح لکھتی ہیں کہ احتجاجی مظاہروں کے دوران انھیں یہ کھٹکا لگا رہتا تھا کہ ابھی سادے کپڑوں میں کوئی خفیہ دستہ جلوس کے درمیان ظاہر ہوگا اور گرفتاریاں شروع ہو جائیں گی۔ لیکن یہ امریکہ تھا ایران نہیں۔ بتاتے چلیں کہ جلاوطنی کے دوران لندن میں مقیم مسیح نے انگریزی سیکھنے کے لیے آکسفورڈ کے ایک کالج میں داخلہ لینے کے ساتھ ہی اَن تھک لکھ کر اپنا پیٹ پالنے کے لیے سخت محنت کی اور اپنے بچے کو بھی ایران سے باہر لے آئیں اور بہتر تعلیم دی۔ ویسے ایک اچھی ماں نہ بن پانے کا دُکھ مسیح کو ہمیشہ بے چین کرتا رہا، بطور خاص اس کے لیے ڈھنگ سے کھانا نہ بنا پانے کی کسک۔ گھریلو کام کاج مسیح کے لیے کبھی اولیت کا درجہ حاصل نہ کر پائی، اس میں شعور سے زیادہ وقت اور سروکار کا مسئلہ رہا۔ ظاہر ہے مسیح کو زندگی میں کچھ دوسرے بڑے کام کرنے تھے۔ مسیح کو کھانا بنانا بھلے نہ آئے، اپنی بھکڑ طبیعت کا ذکر انھوں نے کئی جگہ کیا ہے۔ دوسروں کے گھر کا بچا ہوا کھانا کھانے اور پیک کر کے لے آنے میں بھی مسیح نے کبھی گریز نہیں کیا۔

ایک طویل عرصے تک مسیح خود کو تقریباً بدصورت بھی مانتی رہیں کیوں کہ ایران کے جمالیاتی پیمانے کے اعتبار سے وہ محض ایک اونچی آواز والی بے کشش دبلی پتلی عورت تھیں۔ اپنے مقصد کی ترسیل وفروغ کے لیے مسیح نے شاید ہی کوئی کوشش کرنی چھوڑی ہو۔ عالمی شہرت یافتہ میگوین 'ووگ' کے لیے پوز دینا ہو یا 'ٹیڈ ٹاک' کے ذریعے مغربی سامعین تک اپنی بات پہنچانی ہو، مسیح علی نژاد کے my stealthy freedom مہم کے لاکھوں فین نے ایران کے اندر اور باہر ان کی حوصلہ افزائی کی ہے۔ کتاب کی شروعات ہی اندھیروں سے آنکھیں چار کرنے سے ہوتی ہے۔ ڈرنے پر تاریکی ہمیں خود میں جذب کر لے گا، آنکھیں کھلی رکھنے پر راستہ نظر آنے کی امید برقرار رہتی ہے۔ یہ سبق مسیح کی اَن پڑھ ماں زرین کی ہے جو نسلوں کے تجربے سے پیدا ہوئی ہے۔

قارئین سے ایک اور ضروری بات کرتے چلیں کہ مسیح علی نژاد کی کتاب *The Wind In My Hair* میں نے قطعی نہیں پڑھی ہوتی اگر اس سے پہلے میں نے کم گھٹاس کی کتاب *Black Wave* نہ پڑھی ہوتی۔ کم گھٹاس کی کتاب اس سوال سے شروع ہوتی ہے کہ What happened to us?۔ مشرق وسطیٰ کی سیاست میں دلچسپی رکھنے والوں کے لیے یہ ایک مفید کتاب تو ہے ہی لیکن ساتھ ہی اس کا جو بنیادی سوال ہے کہ آخر اعتدال پسند اسلام نے بنیاد پرست اسلام کے سامنے اپنے گھٹنے کیسے اور کیوں ٹیک دیے؟ جواب میں وہ اس کے لیے 1979 کے سال میں وقوع پذیر ہونے والے دنیا کے تین اہم واقعات کو بنیاد بنا کر اپنے دلائل پیش کرتی ہیں۔ یہ کتاب بھی لبنان میں جنمی ایک خاتون صحافی نے لکھی ہے۔ لبنان، مصر، فلسطین، ایران، عراق، سیریا، ترکی، سعودی عرب، پاکستان اور افغانستان سے لیے گئے درد اور سازش کی داستانوں سے بُنی اس کتاب میں آنسو ہیں، افسوس ہیں، پٹرول کے پیسوں کی حیوانیت ہے، ظلم کی مخالفت کے لیے دی گئی قربانیاں ہیں، سب سے بڑھ کر بدلتی دنیا کی اداسیاں ہیں۔

[بشکریہ 'سمالوچن'، 31 مئی 2021]

انتخاب کے حق کے لیے جدو جہد

پریتی چودھری

ترجمہ: اشعر نجمی

مشرق وسطیٰ کے ممالک میں عورتوں کی برابری کے لیے جدو جہد کے باب میں گزشتہ دنوں منال الشریف کے نام کی بازگشت سنائی دیتی رہی ہے۔ عورتیں خود گاڑی چلائیں، یہ کتنا بڑا ایشو بن سکتا ہے؟ اور یہ کس طرح سے انتخاب کے مطالبے کے دوسرے اہم ایشوز سے وابستہ ہو جاتا ہے، اسے جاننا چاہیے۔

وہ چھوٹی بچی سے نوخیز لڑکی بننے کی دہلیز پر تھی، جب اس نے اپنے چھوٹے بھائی کے پسندیدہ کیسٹ کو جلا دیا، کیوں کہ اس کی نظر میں موسیقی سننا غیر اسلامی اور حرام تھا۔ اسکول میں ملنے والی باقاعدہ مذہبی تعلیم اور آس پاس کا ماحول اس پر اتنا اثر انداز ہوا کہ اگر غلطی سے بھی اس کے کان میں موسیقی پڑ جاتی تو وہ دوزخ کے خیال سے ڈر جاتی اور قبر میں اپنے کان میں گرم تیل یا پگھلا ہو سیسہ ڈالے جانے کے تصور ہی سے کانپ اٹھتی تھی۔ حجاب کے صرف کھسکنے سے ہی وہ اپنے غیر اخلاقی ہونے کے جرم کے احساس سے بھر جاتی اور پروردگار سے معافی مانگنے لگتی۔ اسے غیر اسلامی باتوں اور لوگوں سے نفرت تھی۔ کافروں سے نفرت کرنا چاہیے، یہ اس کی اسکولی تعلیم کا حصہ تھے۔ لڑکی کی یہ سوچ اکلوتی نہیں تھی، اس کے ساتھ پڑھنے والی اس کی ہم جماعت بھی اس کی ہم خیال تھیں۔ وہ اس پورے دور کا اثر تھا جو مکمل مشرق وسطیٰ کو اپنی گرفت میں لے رہا تھا۔

اسکول سب سے آسان جگہ تھی جہاں کم عمر اور نازک دماغ کے بچوں کو ایک منصوبہ بند سمت میں موڑا جا سکتا تھا۔ دنیا بھر کے مسلمانوں کے لیے سب سے مقدس مانے جانے والے شہر مکہ میں رہنے والی تمام لڑکیاں جو مذہبی تو پہلے سے تھیں ہی، اچانک بنیاد پرست اسلام کی مداخلت بھی ہونے لگی۔ یہ لڑکیاں اپنی ماؤں کو ہر وقت

حجاب پہننے اور عبادت کرنے پر مجبور کرنے لگیں۔ اسی مذہبی انتہا پسندی کے تجربوں اور اس سے اپنی آزادی کی کہانی سنانے والی منال الشریف آج اپنی کتاب 'Daring To Drive: A Saudi Women's Awakening' کی معرفت قارئین سے مخاطب ہیں۔

مکہ میں ایک معمولی ٹیکسی ڈرائیور کے گھر پیدا ہوئی منال الشریف پوری دنیا میں مشہور ہوئے جون 2011 کے 'Daring to Drive' تحریک کے سبب جانی جاتی ہیں۔ منال الشریف سعودی عرب کی پہلی خاتون نہیں ہیں جس نے وہاں کی سڑک پر اسٹیرنگ وہیل پکڑی، ان سے پہلے سنہ 1990 میں 47 خواتین نے 'Female Driving' پر لگی پابندی کی مخالفت میں سعودی عرب کی راجدھانی ریاض میں کار چلائی اور اقتدار کے استحصال کا شکار ہوئیں۔ ان میں سے کئیوں کی نوکری چلی گئی، شوہر اور خاندان کی بیرون ممالک کے اسفار پر پابندی نافذ کر دی گئی اور بہتوں کو حوالات میں ڈال دیا گیا۔ مفتیوں نے ان عورتوں کو بدچلن کہا اور امریکی اثرات کے تحت سعودی عرب کی ثقافت کو آلودہ کرنے کا الزام لگایا۔

بیس سال بعد منال الشریف نے جب پھر سے عورتوں کے ڈرائیونگ کے حقوق کی بات کی تو بنیادی فرق یہ تھا کہ منال نے اپنے کار چلانے کی ضرورت، خواہش اور حق کو سوشل میڈیا کے ذریعے ایک منظم مہم کی شکل دے دی جو مشرق وسطیٰ اور افریقہ میں چل رہے 'عرب اسپرنگ' تحریک سے وابستہ ہوگئی۔ حالاں کہ 'عرب اسپرنگ' تحریک کا جیسا اثر مصر، تیونیشیا، لیبیا، سیریا اور یمن میں ہوا، ویسا سعودی عرب میں تو نہیں ہوا، پھر بھی وہ ان ہلچلوں سے لاتعلق بھی نہیں رہا۔ بعد کے دنوں میں بطور خاص 2019 میں شاہی حکومت نے سعودی عرب میں عورتوں کو ڈرائیونگ، غیر ملکی اسفار، بچوں کی پیدائش کا رجسٹریشن کرانے جیسے حقوق دیے، اس کی جڑ منال الشریف کی تحریک اور اسے ملی بے پناہ حمایت میں پوشیدہ ہے۔

منال الشریف کی آپ بیتی کی خاص بات یہ ہے کہ وہ اس سفر کو بیان کرتی ہیں جس میں تعلیم کی روشنی زندگی اور شخصیت کو بدل دیتی ہے اور انسان ظلم اور ناانصافی کے خلاف اٹھ کھڑا ہوتا ہے۔ افسوس کی بات یہ ہے کہ اکثر عورتوں کے ساتھ ہونے والی ناانصافی کو ناانصافی تسلیم ہی نہیں کیا جاتا، پدرسری اقتدار اور مذہبی دائرے اتنے وسیع ہوتے ہیں کہ اپنے حالات کو ذرا سا بھی بدلنے کی کوشش کو کفر مان لیا جاتا ہے۔ ایک غریب خاندان کی لڑکی جسے اپنے معمولی گھر میں راحت صرف کتابوں کے درمیان ملتی ہے، جب کمپیوٹر سائنس پڑھ کر سعودی عرب کی سب سے بڑی تیل کمپنی 'ارامکو' میں نوکری حاصل کرتی ہے تو وہ پہلی سعودی خاتون ہوتی ہے جسے سائبر سکیورٹی کے شعبے میں نوکری ملتی ہے۔

'ارامکو' میں نوکری حاصل کرنا ہر سعودی کا خواب ہوتا ہے۔ منال اس کمپنی میں کانٹریکٹ میں نوکری حاصل کرنا چاہتی تھیں، لیکن جب ان کی قابلیت کے سبب ان کو وہاں مستقل نوکری مل جاتی ہے تو ان کے ساتھ ساتھ کمپنی کے لوگوں کو بھی حیرت ہوتی ہے۔ 'ارامکو' بنیادی طور پر امریکی کمپنی تھی جو سعودی عرب میں تیل کی تلاش کے

لیے آئی تھی اور جس نے سعودی عرب میں جہاں جہاں تیل تلاش کرنے کا کام کیا، وہاں اپنی جگہ بنا کر ایک چھوٹا سا امریکہ بسا لیا۔ کمپنی نے نہ صرف امریکی انداز میں کشادہ اور کھلے گھر بنائے بلکہ امریکی رنگ ڈھنگ کے شاپنگ مال، ریستوراں، پارک اور تھیٹر اور سوئمنگ پول بھی بنائے جس کا استعمال عورتیں بھی آرام سے کر سکتی تھیں۔ مختصراً یہ ایک ایسی دنیا ہے جو سعودی عرب میں رہتے ہوئے بھی اس سے بالکل الگ ہے۔ منال الشریف نے 'ارامکو' کے احاطے میں عورتوں کو کار چلاتے اور سڑکوں پر بے فکری سے چہل قدمی کرتے دیکھا جو اس کی زندگی کا بہت بڑا واقعہ تھا۔ منال کو ارامکو کے احاطے میں ان تمام لوگوں سے ملنے کا موقع ملا جن کی قومیت، مذہب اور ثقافت مختلف تھیں۔ حالاں کہ منال کو یہ احساس بہت پہلے ہو گیا تھا کہ اسکول میں وہ جس مذہبی تعلیم کو حاصل کر رہی تھی، اس نے اسے اپنے مذہب کی محدود تفہیم کر کے تنگ نظر تو بنا یا ہی تھا، اس کے دل میں دوسرے مذہبوں کے پیروکاروں کے لیے گہری نفرت بھی بھری تھی۔ ایک چھوٹے سے کمرے پر مشتمل گھر میں بند کھڑکیوں کے درمیان گزارے بچپن کی یادیں منال کے لیے رنج و غم سے بھری ہوئی ہیں جہاں گھر کا مطلب قید خانہ، گھٹن اور پٹائی ہے۔ منال یاد کرتی ہیں کہ بچوں کی پٹائی ان کے والدین کا روزمرہ کا کام تھا۔ کئی بار تو یہ پٹائی اس حد تک کی جاتی تھی کہ منال کے جسم پر ہمیشہ کے لیے داغ ثبت ہو گئے، یہی وجہ ہے کہ خاندان میں بچوں کے لیے برتی جانے والی بے رحمی کو لے کر منال الشریف کے دل میں گہری نفرت کا احساس ہے۔ کتاب پڑھتے وقت منال اور اس کی بہن کے ختنے کا ذکر آتے ہی وہ سر سے پاؤں تک کانپ اٹھتی ہے۔

افریقہ کے کچھ ملکوں اور انڈونیشیا میں بچیوں کے ختنے کو لے کر مخالفت ہوتی رہی ہے، اقوام متحدہ بھی اس رواج کے خلاف پابندی لگا چکا ہے اور 'زیرو ٹالیرنس' کی بات کرتا ہے۔ سعودی عرب میں بچیوں کے ختنے کا کوئی رواج نہیں تھا، یہی وجہ ہے کہ آٹھ سالہ منال کے ختنے کے بعد جب مسلسل خون بہنے کے سبب اس کی طبیعت بگڑتی چلی جاتی ہے، تب بھی اس کے والدین اسے اسپتال نہیں لے جاتے ہیں کہ کہیں ان کے خلاف کوئی کارروائی نہ ہو جائے۔ بخار میں تپتی ہوئی منال کا خون بند نہ ہونے پر اس کے والد اس کا ختنہ کرنے والے نائی کو ہی بلاتے ہیں جو سوئی دھاگے سے اس کی شرمگاہ پر ٹانکے لگاتا ہے۔ بچی کے دماغ پر اس واقعے کا اثر اتنا گہرا ہوا کہ وہ طویل عرصہ تک اس سے آزاد نہ ہو پائی۔ اس بات کے سبب کہیں نہ کہیں اس کے اندر اپنے والد کے لیے اتنی ناراضگی رہی کہ جب بعد میں اس کے لیے رشتے کی بات چلی تو وہ اپنے باپ سے بچپن میں ہوئے ختنے کا حوالہ دے کر شادی سے صاف انکار کر دیا۔ یہ الگ بات ہے کہ جب وہ خود سے لڑکا پسند کرتی ہے تو اپنی سرجری کرا کے خود کو شادی کے لیے تیار کر لیتی ہے۔ 'ڈیئر ٹو ڈرائیو' کو پڑھنا سعودی عرب کی خواتین کے ان حالات کو جاننا ہے کہ وہ کیسے کسی مرد سرپرست کے بغیر نہ تو کہیں آجا سکتی تھیں، نہ ہی کوئی شناختی کارڈ رکھ سکتی تھیں اور نہ ہی تنہا کوئی غیر ملکی سفر ان کے لیے ممکن تھا۔ شوہر نے اگر طلاق دے دیا تو محرم (سرپرست جس کے ساتھ اس کی شادی کی گنجائش نہ ہو) کے بغیر سعودی عورت کا اپنا کوئی وجود نہیں۔

سعودی عرب کی یا پھر مشرق وسطیٰ کے ملکوں کی عورتوں کی زندگی ایسی نہیں ہے کہ کوئی ہندوستانی عورت پڑھ کر کسی امریکی یا یورپی عورت کی طرح حیران رہ جائے، کچھ باتوں کو چھوڑ دیں تو ہندوستانی عورتوں کو بھی طویل عرصے تک منوسمرتی جیسے نظام کی ماتحتی میں بچپن اور جوانی سے لے کر ضعیفی تک والد، شوہر اور بیٹے کی سرپرستی میں رہنے کا رواج تھا۔ خاندان کی مریادا اور تقدس بچائے رکھنے کے لیے ہی 'بال وواہ' (بچپن کی شادی)، ستی پرتھا اور بیوہ کی شادی پر پابندی جیسے رواج عام تھے، فرق یہ ہے کہ ہندوستان برطانوی نوآبادیات کے سبب جہاں جمہوری اور پارلیمانی روایت سے متعارف ہو کر اپنی قومی تحریک آزادی میں عورتوں کی حصہ داری اور ان کے فعال کردار کے لیے خود کو تیار کرتا ہے۔ تحریک آزادی نے قدیم ہندوستان کی اس فلسفیانہ اور دانشورانہ روایت سے بھی تحریک حاصل کی تھی جہاں باشعور عورتوں کو بھی اس بحث میں حصہ لیتے ہوئے دیکھا جا سکتا ہے۔ ملک میں جاری مختلف اصلاحی تحریکوں کے اثرات اور آزادی کے بعد کے جمہوری نظام میں دستور نے عورتوں کو مردوں کے مساوی حقوق دیتے ہوئے صدیوں کے عدم توازن کو درست کرنے کی کوشش کی۔ مشرق وسطیٰ کے بہت سے ملکوں میں جہاں اب بھی بادشاہت کے موروثی نظام باقی ہیں، وہاں جمہوری حقوق کا مطالبہ اور حکومت کی مخالفت عرب اسپرنگ سے پہلے اجنبی محسوس ہوتے تھے۔ بہت سے ممالک اور معاشروں کو لگتا تھا کہ ابھی بھی دور وسطیٰ میں ہی اٹکے پڑے ہیں۔ دیکھا جائے تو عرب اسپرنگ جسے ہندی میں 'عرب کرانتی' یا 'عرب بغاوت' کی شکل میں جانا گیا، وہ آمریت کے استحصال، شہری حقوق کی حمایت میں، بے روزگاری اور عدم مساوات کے خلاف عوام کے غیر اطمینانی کا اظہار تھے جس نے مصر سمت کئی ملکوں کی حکومتیں بدل دی۔

حالاں کہ سعودی عرب میں عرب اسپرنگ کا براہ راست کوئی سیاسی اثر نہ پہنچا ہو، لیکن وہ اس سے بالکل اچھوتا بھی نہیں رہا۔ اگر منال الشریف جیسی عورتیں فیس بک اور ٹوئٹر کے ذریعہ عورتوں سے کار چلانے کی اپیل کریں اور اسے لاکھوں لوگ پسند کریں تو اس کا مطلب ہے کہ عورتوں پر عائد اس پابندی کے خلاف لاکھوں لوگ ان کے کار چلانے کی حمایت میں ہیں۔ یہاں پھر سے یاد دلانا ہوگا کہ کار چلانے کے مسئلے پر سعودی عرب میں جہاں عورتوں کو جیل ہوئی ہے، نوکریاں گئی ہیں، فتوے جاری ہوئے ہیں اور انھیں بدچلن اور رنڈی تک کہا گیا ہے، ویسی ریاست میں عورتوں کی سماجی حیثیت کیا ہے، اس کا اندازہ لگایا جا سکتا ہے۔ کار کی اسٹیئرنگ پکڑنا صرف سڑک پر کار چلانے تک محدود نہیں ہے، اس کے گہرے معنی بھی ہیں۔ یہ متحرک ہونے اور خود مختاری کا بھی بیان ہے کہ عورت اپنی زندگی کو خود چلا سکتی ہے اور شاید یہی سب سے بڑا مسئلہ ہے۔ منال الشریف کو بھی کار چلانا اپنے ذاتی تجربات کی بنا پر ضروری لگا، جب وہ شام کو آفس کے کام کے بعد دانتوں کے ڈاکٹر کے پاس گئی اور لوٹنے میں دیر ہو گئی۔

ٹیکسی نہ ملنے پر انھیں راستے میں شہدوں کا سامنا کرنا پڑا اور دوڑ کر چھپ چھپا کر خود کو بچانا پڑا۔ منال کا المیہ یہ تھا کہ کار رہتے ہوئے بھی ارامکو کے احاطے کے باہر اسے وہ چلا نہیں سکتی تھیں۔ منال کا بھائی ان کی مہم میں برابر ساتھ کھڑا ہے کیوں کہ وہ اپنی بیوی اور بچے سے دور نوکری کرتا ہے، اس کے شہر سے باہر ہونے پر اس کی بیوی

لا چار ہو جاتی ہے اور وہ بھی کار ہونے کے باوجود کچھ نہیں کر پاتی۔ لمبے فیلڈ ورک کے بعد جب وہ واپس گھر آتا ہے تو آرام کرنے کی بجائے اسے بیوی کو ساتھ لے کر باہر کے سارے کام نمٹانے پڑتے ہیں اور اس کا سارا وقت ڈرائیونگ میں ضائع ہو جاتا ہے۔ کرایے کی ٹیکسی سے کام چلانے والی عورتوں کے تجربوں کا ذکر کرتے ہوئے منال لکھتی ہیں کہ سعودی عرب میں آئے دن عورتیں ٹیکسی ڈرائیوروں کے ذریعہ کیے جانے والی بدسلوکی کا شکار بنتی ہیں۔ عورتوں کا تنہا جانا چلن میں نہ ہونے کی وجہ سے ٹیکسی ڈرائیور تنہا عورت سواری کے لیے کوئی اچھی نظر نہیں رکھتے۔

اگر یہ تمام عورتیں کار چلانے لگیں تو ممکن ہے ایسے تلخ تجربات سے محفوظ رہیں۔ محرم کے بغیر سعودی عورت کتنی لاچار ہے، اس کا ذکر مذکورہ کتاب میں کئی بار آتا ہے کہ کیسے ایک بچی گھر میں آگ لگنے سے جل گئی لیکن اسے بچانے کے لیے آگ بجھانے والا حفاظتی دستہ گھر کے اندر داخل نہیں ہوا کیوں کہ وہاں کوئی مرد نہیں تھا یا پھر کیسے کوئی عورت سرپرست کے بغیر اسپتال نہ جا پائی اور دم توڑ دیا۔ منال کی سوچ کو کمپیوٹر سائنس کے مطالعہ نے بدلا تھا، شروع سے ہی پڑھائی میں اول رہنے والی منال ارامکو تیل کمپنی کے انفارمیشن سکیورٹی اور ڈیٹا اینالائسس سے وابستہ تھی جو کسی بھی سعودی عورت یا مرد کے لیے بہت بڑی کامیابی تھی۔ عورتوں کے لیے تو بطور خاص یہ خواب جیسا ہی تھا۔

منال بتاتی ہیں کہ کیسے ان کے ساتھ کام کرنے والے مرد کبھی بھی اپنی بیویوں کا ذکر نہیں کرتے تھے اور کیسے مشترکہ کیفے ٹیریا میں جا کر لنچ کرنا بھی اپنے لیے اوٹ پٹانگ افواہ پھیلانے کی دعوت دینے کے برابر تھا۔ اسی آفس میں جب منال ایک مرد کی طرف متوجہ ہوتی ہے اور دونوں ایک دوسرے کو پسند کرنے لگتے ہیں تو وہ بار بار یہ کہنے سے پرہیز نہیں رتا کہ اگر شادی کرنی ہے تو منال کو کام چھوڑنا ہوگا اور چہرہ ڈھانپنا ہوگا۔ منال اس شرط سے مضطرب ہے لیکن اس کے نام وابستہ ہو جانے کے بعد جو بدنامی ہے، اس سے محفوظ رہنے کے لیے بہر حال اس سے شادی کرنا چاہتی ہے۔ ظاہر ہے اس شادی کو زیادہ دنوں تک قائم نہیں رہنا تھا۔ طلاق کے بعد منال خود کو کام میں ڈبو دیتی ہے اور ترقی کے زینے طے کرتی چلی جاتی ہے۔

یورپ کا سفر اور امریکہ میں قیام اس کے نظریے کو مزید وسعت دیتے ہیں۔ امریکہ میں وہ اپنے لیے ڈرائیونگ لائسنس بھی حاصل کرتی ہے۔ سعودی عرب لوٹنے پر وہ طے کرتی ہے کہ اسے سعودی کی سڑکوں پر کار لے کر اُترنا چاہیے۔ منال ٹریفک کے اصولوں کو جب پڑھتی ہے تو وہ دیکھتی ہے کہ ٹریفک کوڈ میں کہیں بھی 'جنس یعنی جینڈر' کا ذکر نہیں ہے۔ منال الشریف اس نتیجے پر پہنچتی ہے کار چلانا غیر قانونی نہیں ہے، صرف جاری رواج کے خلاف ہے۔ عورتوں کو ڈرائیونگ کے خلاف فتویٰ جاری کرنے والے بن باز جیسے مفتی کے برعکس وہ ال البانی جیسے عالم کا قول انٹرنیٹ کے ذریعہ ڈھونڈ نکالتی ہے جو کہتے ہیں کہ محمد صاحب کے وقت میں جب عورتیں خچر پر بیٹھ سکتی تھیں تو آج کے زمانے میں کار بھی چلا سکتی ہیں۔ منال کار چلاتی ہیں اور اس جرم میں جیل بھی جاتی ہیں جہاں وہ سعودی عرب میں نوکرانیوں کے کام کر رہی فلپینی، انڈونیشیائی اور افریقی عورتوں کے رابطے میں آتی ہیں اور معمولی

باتوں کے لیے قید و بند کی سزا جھیل رہی ان عورتوں کی زندگی سے آبدیدہ ہو جاتی ہیں۔ جیل سے رہا ہونے وہ کئی قیدی عورتوں کی مدد کرنے کی کوشش بھی کرتی ہیں، جن میں ایک کے لیے وطن واپسی کا ٹکٹ خریدنا بھی شامل ہے۔

'ڈیئر ٹو ڈرائیو' تحریک نے یقیناً منال الشریف کو کافی شہرت دی، مغربی میڈیا نے انھیں ہاتھوں ہاتھ لیا۔ منال کو بولنے کے لیے بڑے بڑے پلیٹ فارم حاصل ہوئے۔ سعودی عرب کی ایک عورت کے ذریعہ اپنی زندگی کو انتخاب کرنے کا حق اور اس سے وابستہ جدوجہد بلاشبہ مغربی قارئین کے لیے بہت دلچسپ رہا ہوگا اور شاید یہی وجہ ہے کہ کتاب پڑھتے وقت کئی بار ایسا محسوس ہوتا ہے کہ یہ کتاب قارئین کے اسی طبقے کو پیش نظر رکھ کر لکھی بھی گئی ہے۔ ہندوستان جیسے ملک میں جہاں دستوری برابری کے باوجود عورتیں اب بھی تمام طرح کے استحصال اور عدم مساوات سے نبرد آزما ہیں، پدرسری سماج کی بنیاد میں موجود عورت مخالف ذہنیت کا سامنا کر رہی ہیں، وہاں ممکن ہے کہ کار چلانے کے حق کے لیے چند دن جیل میں گزارنے کی کہانی خواہ بہت متاثر نہ کرے لیکن یہ کہانی اتنا ضرور کہتی ہے کہ سارے مسائل کے باوجود ہندوستان کا جمہوری نظام عورتوں کو کھلی ہوا میں سانس لینے کا حق ضرور دیتا ہے، خواہ وہ کسی بھی دھرم کی کیوں نہ ہوں۔

مشرق وسطیٰ کے بہت سارے ممالک میں عورتیں مذہب کے نام پر انسانی حقوق سے محروم ہیں، یہ مذہب کی ایسی محدود تفہیم کرتی ہے جو شریعت کے علاوہ کچھ تسلیم کرنے کو تیار نہیں، جو مذہب کے خطرے میں ہونے کی بات کر کے مذہبی بنیاد پرستی اور انتہا پسندی کو فروغ دے کر غیر مسلموں کے خلاف جہاد چھیڑنے کی بات کر کے انسانیت کی مخالفت کرتا ہے۔ خطرہ اس بات ہے کہ ایسی کہانیاں اور کتابوں کی درست تناظر میں دیکھنے کی بجائے اسلاموفوبیا کی تہمت لگا کر اس کا خوب پرچار کیا جاتا ہے۔

[بشکریہ 'سمالوچن'، 15 جولائی 2021]

تانیثی مزاحمت کے برگ و بار اور فہمیدہ ریاض

منور حسن کمال

پاکستان کا شعری تانیثی منظر نامہ اظہار اور اسلوب کے لحاظ سے ہندوستان سے مختلف نہیں ہے۔ وہی حسیت، وہی علائم رموز، تلمیحات اور انعکاسات وہاں کی شاعری میں بھی ہیں جو ہندوستانی شاعری کا حصہ ہیں۔ دونوں ملکوں کے مسائل زیادہ مختلف نہیں ہیں۔ داخلی سطح پر دونوں ملکوں کے مسائل میں تھوڑا سا اختلاف ممکن ہے، مگر بنیادی حسیت وہی ہے جو ہندوستان کی ہے، کیونکہ پاکستان میں شعر کہنے والوں کے رشتے بھی اسی سرزمین سے جڑے ہوئے ہیں، ان کا خمیر بھی یہیں کی مٹی سے بنا ہوا ہے، اس لیے اظہار کی سطح پر دونوں ملکوں کی شاعری میں بہت مماثلت ہے۔ یہ اور بات ہے کہ تقسیم ہند کے بعد مہاجرین ایک نئے کرب سے دوچار ہوئے اور ان کے سامنے تشخص کا مسئلہ بھی پیش آیا، پھر بھی دونوں ملکوں کی شعری حسیت میں فرق نہیں ہے۔ خاص طور پر شاعرات کے یہاں کوئی امتیاز نظر نہیں آتا ہے، کیونکہ عورتوں کے دکھ اور سکھ ہر جگہ یکساں ہوتے ہیں۔ عورتوں کے خواب مشترک ہیں اور عذاب بھی۔ پاکستانی شاعری کے یہاں تانیثیت کی رو اور روایت زیادہ روشن انداز میں ملتی ہے۔ انھوں نے تانیثیت کو اس کے مکمل مفہوم میں محسوس کیا ہے اور تحریک سے زیادہ رویے پر اصرار کیا ہے، یہی وجہ ہے کہ چند مخصوص شاعرات کو چھوڑ کر بیشتر کے یہاں تانیثیت کے تعلق سے متوازن اور معتدل انداز فکر ملتا ہے۔

پروین شاکر، کشور ناہید، فہمیدہ ریاض، عذرا عباس کے یہاں ایک مزاحمتی فضا ملتی ہے اور ان کے لہجے میں ایک طرح کی مردانہ جرأت و جسارت بھی ہے اور وہ کبھی کبھی اسی تانیثی لہجے میں حدود سے آگے بھی بڑھ جاتی ہے مگر دیگر شاعرات نے اس طرح کا احتجاجی اور مزاحمتی رویہ اختیار نہیں کیا ہے کہ مرد کے وجود سے انکار کر دیں یا مردانہ معاشرے کو منہدم کر دیں۔ انھوں نے مرد اور عورت دونوں کے مسائل کو سنجیدگی سے پُر کیا ہے اور دونوں کو ایک دوسرے کا جز و سمجھا ہے، یہی وجہ ہے کہ ان کے یہاں مرد معاشرے سے مکالمے کے وقت وہ درشتگی اور کرختگی

نہیں ملتی جو پروین شاکر، کشور ناہید، فہمیدہ ریاض اور عذرا عباس کا خاصہ ہیں۔

اردو شاعری میں کشور ناہید کے ساتھ جس شاعرہ نے ناقدوں کی توجہ اپنی طرف مرکوز کی ہے وہ فہمیدہ ریاض ہیں، ان کا تعلق میرٹھ (یوپی) سے ہے۔ ان کے شعری مجموعوں کے نام بالترتیب یہ ہیں: پتھر کی زبان، بدن دریدہ، دھوپ، کیاتم پورا چاند دیکھو گے؟، ہم رکاب، اپنا جرم ثابت ہے اور آدمی کی زندگی۔ فہمیدہ ریاض کی شاعری کی بنیادیں بغاوت، جسارت اور بے باکی پر رکھی گئی ہیں۔ انھوں نے جس زمانے میں شاعری کا آغاز کیا اس زمانے میں خواتین کے لہجے میں وہ جسارت اور بے باکی نہیں تھی، جو جدید اور نئی نظم کی شاعرات کا خصوصی وصف ہے۔ یوں تو فہمیدہ نے نظم کی تمام ہیئتوں میں طبع آزمائی کی ہے مگر سب سے زیادہ انھوں نے آزاد نظم کے فارم کو اپنی تخلیقی کاوش کا حصہ بنایا ہے، البتہ غزلیں انھوں نے بہت کم کہی ہیں۔ ان کے دوسرے مجموعے 'بدن دریدہ' میں کوئی آدھا درجن کے قریب غزلیں شامل تو ہیں مگر ان میں معاشرہ کے پیدا کردہ جبر کو موضوع نہیں بنایا گیا ہے۔ ان کے پہلے مجموعے 'پتھر کی زبان' کی نظموں میں ایک عام لڑکی کو نوجوانی کے دنوں میں پیش آنے والے مسائل مثلاً خواہش وصل، امید وبیم کی کیفیت، بے وفائی کا شکوہ، نارسائی کے احساس وغیرہ کا غلبہ ہے۔ معاشرتی جبر کو معدودے چند نظموں میں ہی موضوع بنایا گیا ہے۔ اس سلسلے میں مجموعے میں شامل دو نظموں 'پتھر کی زبان' اور 'گڑیا' کے ذکر سے فہمیدہ کے فکر وفن پر روشنی پڑتی ہے۔ نظم 'پتھر کی زبان' میں عورت و مرد کے ازلی رشتے اور اس رشتے میں جسم وجاں کی قیمت پر بھی عورت کی جانب سے وفا کی ریت نبھانے کو موضوع سخن بنایا گیا ہے۔ ایک اقتباس دیکھیے:

اسی اکیلے پہاڑ پر تو مجھے ملا تھا/ یہی بلندی ہے وصل تیرا/ یہی ہے پتھر مری وفا کا
اُجاڑ، چٹیل، اداس، ویراں/ مگر میں صدیوں سے اس سے لپٹی ہوئی کھڑی ہوں
پھٹی ہوئی اوڑھنی میں سانسیں تری سمیٹے/ ہوا کے وحشی بہاؤ پر اڑ رہا ہے دامن
سنبھالا لیتی ہوں پتھروں کو گلے لگا کر نکیلے پتھر
جو وقت کے ساتھ میرے سینے میں اتنے گہرے اتر گئے ہیں
کہ میرے جیتے لہو سے سب آس پاس رنگین ہو گیا ہے
مگر میں صدیوں سے اس سے لپٹی ہوئی کھڑی ہوں

(فہمیدہ ریاض، میں مٹی کی مورت ہوں، سنگ میل پبلی کیشنز لاہور، ۱۹۸۸ء، ص ۲۱)

اس نظم پر تبصرہ کرتے ہوئے ڈاکٹر آغا ظفر حسنین لکھتے ہیں: نظم کی پوری فضا یہ احساس دلاتی ہے کہ وصل کے بعد مرد عورت کو بھول گیا ہے، لیکن عورت نہایت سخت کوشی سے اقدارِ وفا کی پاسداری میں مصروف ہے اور یہ محبت کی وہی بنیادی شرط ہے جس کے دم پر انسانیت سانس لے رہی ہے۔ اس مجموعے میں شامل یہ پہلی نظم بقیہ چالیس نظموں کے عام مزاج سے یکسر مختلف ہے۔ فکر وشعور کی بالیدگی اور لہجے کی سنجیدگی اس نظم کی سب سے بڑی

خصوصیت ہے۔

’گڑیا‘ میں اس معاشرتی ذہنیت کو موضوع بنایا گیا ہے، جس کے تحت مرد لڑکی کو گڑیا کی مانند بے جان شئے سمجھتا ہے۔ بالکل ویسے ہی جیسے بچے کہ جب تک ان کا جی چاہتا ہے کھلونوں سے کھیلتے ہیں اور پھر دل بھر جانے پر ان سے بے تعلق ہو جاتے ہیں۔ مرد اپنی دل بستگی کے لیے بھولی بھالی لڑکیوں کو گڑیا کی مانند اپنے مصرف میں لاتا ہے، وہ اس کے جوان جسم سے تو پیار کرتا ہے مگر سچے عشق کی طلب گار ازلی نسوانی خواہش سے قطعاً بے پروا رہتا ہے:

چھوٹی سی ہے/ اس لیے اچھی لگتی ہے/ بٹوا جیسے ہونٹ ہیں اس کے
اور رخساروں پر سرخی ہے/ نیلی آنکھیں کھولے بیٹھی تاک رہی ہے
جب جی چاہے کھیلو اس سے/ الماری میں بند کرو
اس کے ننھے لبوں پر کوئی پیاس نہیں ہے/ نیلی آنکھوں کی حیرت سے مت گھبراؤ
اسے لٹا دو/ پھر جیسے یہ سو جائے گی

(فہمیدہ ریاض، میں مٹی کی مورت ہوں، سنگ میل پبلی کیشنز لاہور، ۱۹۸۸ء، ص ۴۶، ایضاً، ص ۲۶۵، ۲۶۶)

نظم کی یہ ایک اہم خصوصیت ہے کہ انتہا کو پہنچنے پر ہی اس کے اصل جوہر ظاہر ہوتے ہیں۔ مذکورہ نظم میں بھی یہ عمل انھوں نے اپنے منفرد انداز میں پیش کیا ہے۔ نظم کے آخری حصے میں جن ننھے لبوں کی پیاس اور نیلی آنکھوں کی حیرت کا ذکر کیا گیا ہے وہ دراصل بے لوث عشق کی ازلی نسوانی طلب ہی ہے جو مردانہ بے توجہی کا شکار ہے۔ عاشق کا اپنے محبوب کے تئیں رویہ جب اس قدر منافقانہ ہو تو محبوب کا حیرت زدہ ہو جانا عین فطری عمل ہے۔ یہاں جو امر سب سے زیادہ قابل توجہ ہے وہ نظم کا اختتام ہے جو لفظ ’جیسے‘ کے استعمال سے بڑا معنی خیز ہو گیا ہے۔ یعنی یہ کہ گرچہ مرد سمجھتا ہے کہ عورت اس کی خود غرضی سے ناواقف ہے، لیکن دراصل کم و بیش ہر عورت سب کچھ سمجھ رہی ہوتی ہے مگر اس کا اظہار نہیں کر پاتی۔ ’پتھر کی زبان‘ کی دوسری نظموں سے اس نظم کا مقابلہ کریں تو معلوم ہوتا ہے کہ بس یہی وہ مقام ہے جب فہمیدہ کو یہ ادراک ہوتا ہے:

وصال و ہجر کی باتیں پرانے قصے ہیں/ شکست دل تو بڑی عام سی کہانی ہے
نئے زمانے میں جذباتیت سے کام نہ لو/ وہ اک ذرا سی شرارت ہی کیا محبت تھی؟

’پتھر کی زبان‘ میں فہمیدہ کے یہاں جس ’مردانہ‘ ذہنیت کے خلاف احتجاجی شعور تشکیل پاتا ہوا نظر آتا ہے وہ ان کے دوسرے مجموعے ’بدن دریدہ‘ میں مکمل ہو جاتا ہے اور اس سلسلے میں ان کی پہلی توجہ طلب نظم ’کب تک‘ ہے۔ نظم کے آخری حصے سے اقتباس پیش کیا جاتا ہے:

پر اس کے آگے بھی تو کچھ ہے/ وہ سب کیا ہے کسے پتا ہے

وہیں کی ایک مسافر میں بھی/ انجانے کا شوق بڑا ہے
پر تم میرے ساتھ نہ ہو گے تب تک
(فہمیدہ ریاض، میں مٹی کی مورت ہوں، سنگ میل پبلی کیشنز لاہور، ۱۹۸۸ء، ص ۱۳۷)

اور یہ 'ساتھ نہ ہونے کے احساس' کا اظہار ہی معاشرتی جبر کے خلاف فہمیدہ کا احتجاج ہے، کیوں نہ ہو کہ ہمارے معاشرے نے عورتوں کے لیے جو رول طے کر رکھے ہیں وہ گھر کی چہار دیواری سے تعلق رکھتے ہیں۔ اس سے باہر اگر عورت متحرک ہے بھی تو اس کا رول مرد کے لیے خود سپردگی کا ہے۔ یہ غیر مساوی ضابطہ رائج ہونا بھی عین فطری تھا کہ جب یہ گمراہ کن تصور ہی معاشرے کا غالب رویہ ٹھہرا کہ عورت مرد کے مقابلے میں ذہنی اور جسمانی اعتبار سے ہیچ ہوتی ہے۔ برصغیر کے مسلم معاشرہ میں یہ جملہ بہت مشہور ہے کہ عورت ناقص العقل ہوتی ہے۔ ہمارے معاشرہ کی ذہنیت نے عورت کو محض گوشت پوست سے بنا ایک ایسا خوبصورت انسانی ڈھانچہ ہی تصور کر رکھا ہے جس کا مصرف مرد کو جنسی آسودگی فراہم کرنا اور بچے پیدا کرنے تک محدود ہے۔ فہمیدہ اسے سرے سے رد کرتی ہیں، انھوں نے اپنا نقطہ نظر پیش کرنے کے لیے جس تاریخی کردار 'اقلیما' کا سہارا لیا ہے، وہ دراصل ان کی فنکارانہ بصیرت کا پرتو ہے:

اس نقش کو غور سے دیکھو/ لمبی رانوں سے اوپر
ابھرے پستانوں کے اوپر/ پیچیدہ کوکھ سے اوپر/ اقلیما کا سر بھی ہے
اللہ کبھی اقلیما سے بھی کلام کرے/ اور کچھ پوچھے!
(فہمیدہ ریاض، میں مٹی کی مورت ہوں، سنگ میل پبلی کیشنز لاہور، ۱۹۸۸ء، ص ۱۵۸)

انھوں نے اپنی نظم اقلیما میں یہ احساس دلایا ہے کہ مرد اور عورت کے مابین تفریق کی کوئی منطقی بنیاد نہیں ہے، پھر کیوں ان پر جبر کیا جاتا ہے اور دوہرا معیار اختیار کیا جاتا ہے۔

یہاں شاعرہ نہ صرف یہ کہ عورت کے فعال ذہن کے منکر مردانہ سماج کی ذہنیت پر برجستہ طنز کرتی ہے بلکہ بعض اسلامی عقائد پر بھی سوالیہ نشان لگا دیتی ہے۔ اللہ نے تو صرف پیغمبروں سے کلام کیا ہے اور 'پیغمبری عورتوں کے حصے میں نہیں آئی۔' کیوں نہیں آئی؟ اس کے پس پردہ بھی دراصل وہی 'ناقص العقل' والی آئیڈیالوجی کام کر رہی ہوتی ہے۔

عورت کے فعال ذہن اور دردمند دل کو نظر انداز کر کے محض اس کے جسمانی خطوط پر اپنی ساری توجہ مرکوز رکھنا ہمارے معاشرے کی عام روش رہی ہے۔ یہ تقریباً روزمرہ کے معاملات ہیں کہ جب ذہنی اور جسمانی اعتبار سے نہایت کمزور مرد بھی ہر عورت کے رنگ و روغن اور جسمانی خطوط پر بے باکانہ رائے زنی سے نہیں چوکتا۔ سماج کی اس روش پر 'مقابلۂ حسن' میں بھی سوال اٹھایا گیا ہے۔ اگرچہ بادی النظر میں یہ نظم جھنجھلاہٹ کا شکار ہوگئی معلوم ہوتی ہے مگر درحقیقت یہ مردانہ ذہنیت کو جھنجھوڑنے کی سعی ہے:

کولہوں میں بھنور جو ہیں تو کیا ہے/ سر میں بھی ہے جستجو کا جوہر
تھا پارۂ دل بھی زیر پستاں/ لیکن مرا مول ہے جوانی پر
گھبرا کے نہ یوں گریز پا ہو
پیمائش میری ختم ہو جب/ اپنا بھی کوئی عضو ناپو!

(فہمیدہ ریاض، میں مٹی کی مورت ہوں، سنگ میل پبلی کیشنز لاہور، ۱۹۸۸ء، ص ۱۵۹)

ہمارے معاشرہ میں ایک حد تک مردوں کو تو ہر قسم کی آزادی ہوتی ہے مگر عورتوں اور خصوصاً نوجوان لڑکیوں پر طرح طرح کی پابندیاں عائد کی جاتی ہیں اور اس کا سبب بھی مردانہ ذہنیت کو قرار دیا گیا ہے جو صنف نسواں کو اس کے جسم سے پرے دیکھنے کی عادی نہیں۔ نظم 'بڑھتی نار' میں شاعرہ جب جوانی کی دہلیز پر قدم رکھتی ہوئی ایک دوشیزہ کو گلے سے لگاتی ہے اور اس کے جسم کی اٹھان کو محسوس کرتی ہے تو اس کی آنے والی زندگی کے متعلق گوناگوں خدشات سے سہم جاتی ہے۔ گرچہ یہ نظم بڑے خوبصورت انداز میں رجائیت کے نوٹ پر تمام ہوتی ہے، مگر جو بات توجہ طلب ہے وہ خیال کا فطری پن اور لہجے کی بے ساختگی ہے:

تجھ سے لپٹ کر، اے مری جان
ڈر سے سوکھ گئے مرے آنسو/ سہم گئی میری مسکان
تجھ سے لپٹ کر
میری دو بانہوں میں سمائی ساگر کی بھرپور اٹھان!

دیکھو، دیکھو ہر آنے والے پل میں کیا ہونے والا ہے
چاروں اور سے سرک رہے ہیں کالے، بوجھل، اندھے سائے
کیا ایسا ممکن ہے؟/ ایسا ہو سکتا ہے؟
لہریں بھرتے ساگر کو کوئی پتھرا دے
لچکیلے تن کی گیلی لکڑی میں چتا اگن بھڑکا دے
سورج پر کالک مل دے/ نرمل کرنوں کا گلا دبا دے!
ایسا ہی ہوتا آیا ہے/ ہو سکتا ہے!
نہیں، نہیں او دھرتی کی دھی/ اپنی شکتی آپ سنبھال
ان بوڑھی کبڑی صدیوں کو ناچ دکھا دے/ تانڈو ناچ
اس گندے، ناپاک، بس بھرے، نیلے، لہو کو بہہ جانے دو
جس نے جیون بانجھ لیا ہے/ سوچ کا سب رس چوس لیا ہے

(فہمیدہ ریاض، میں مٹی کی مورت ہوں، سنگ میل پبلی کیشنز لاہور، ۱۹۸۸ء، ص ۲۲۹)

عورت زرخیز زمین کی مانند ہے اور اپنی قوت تخلیق ونمو کے باوصف مردوں کی بہ نسبت فطرت سے قدرے قریب ہوتی ہے، لہٰذا وہ مردوں کے وضع کردہ اس ضابطہ حیات کو جس میں مادی آسائشوں کے حصول کو قلبی وذہنی سکون پر فوقیت حاصل ہے، انسانی ارتقا کے منافی گردانتی ہے۔ مذکورہ نظم میں انسانی فکر کے سوتے سوکھ جانے کے سبب جیون کے بانجھ پن کا ذمہ دار اس معاشرتی نظام کو ٹھہرایا گیا ہے جس میں ضابطہ حیات کے تعین میں خواتین کا کوئی حصہ نہیں۔ اس نظم کو مجموعے کی ایک دوسری نظم کے ساتھ ملا کر دیکھنے سے بات واضح ہو جاتی ہے:

پردیوانی البیلا شا کے ہاتھ پڑی زنجیر/ جس سے بندھی تقدیر
جس میں الجھے محل دو محلے، غالیچے، دربان
بجلی سے چلنے والا اٹرم کھٹرم سامان
مورکھ پرشوں کا ارمان/ یہ تو بدن کا ہے اپمان
غالیچوں کے ساتھ بھلا ناری کب تک سوئے گی
بے شک رات کی تنہائی میں چھپ چھپ کر روئے گی

(فہمیدہ ریاض، میں مٹی کی مورت ہوں، سنگ میل پبلی کیشنز لاہور، ۱۹۸۸ء، ص ۲۹۰)

یہاں معاشرے کی اس روش پر احتجاج کیا گیا ہے جس کے تحت بعض والدین اپنی بیٹیوں کی شادی ان کی مرضی کے مرد کی بجائے کسی رئیس گھرانے میں کر دیتے ہیں جہاں اسے مادّی آسائشیں تو مہیا ہو جاتی ہیں مگر شوہر کا پیار نہیں ملتا۔ مذکورہ نظموں میں عورت کی نفسیات کو فطرت سے نہایت قریب دکھانے کی کوشش کی گئی ہے اور اس میں فہمیدہ ریاض کو ایک حد تک کامیاب شاعرہ کہا جانا چاہیے۔ (ایضاً، ۲۶۴، ۲۷۲)

آج فہمیدہ ریاض ہمارے درمیان نہیں ہیں، مگر ان کی شاعری کی مستحکم اور توانا آواز آج بھی نئی شاعرات کو روشنی دکھا رہی ہے۔ ان کے کلام کے مطالعے سے یہ بات ثابت ہوتی ہے کہ شاعرات پہلے نظم کے عنوان کو سمجھیں، اس کے بعد اپنے مافی الضمیر کی ادائیگی کے لئے الفاظ کے دروبست پر غور کریں۔ یہی نئی شاعرات کی جانب سے انہیں سچا خراج عقیدت ہوگا۔

[بشکریہ 'قندیل'، یکم دسمبر 2018]

تا**W* اور اردو تانیثی ادب

فضل تنہا غرشین

تانیثی ادب سے مراد وہ ادب ہے جس میں خواتین کے سیاسی، معاشی، معاشرتی و دیگر جملہ حقوق کے متعلق اظہار خیال کیا گیا ہو۔ تانیثی ادب کا آغاز سب سے پہلے مغرب میں انقلاب فرانس اور صنعتی انقلاب کے آنے سے ہوا۔ اٹھارہویں صدی میں خواتین کو ووٹ کا حق دیا گیا۔ 1790 میں ایڈمنڈ برک نے ایک کتاب A vindication of the right of men لکھی، جس کے جواب میں 1792 میں میری وول اسٹون کرافٹ نے A vindication of the right of women لکھی۔ اس کے بعد اسی تناظر میں ورجینیا وولف نے A room of ones own اور سیمون دی بووار نے The second sea لکھی۔ مشرق میں اس تحریک کو بیسویں صدی میں مقبولیت حاصل ہوئی۔

تانیثی ادب عورت کی غلامی، مقامی و مذہبی رسوم، جنسی تفریق، سماجی جبر اور معاشی ناہمواری کے خلاف ایک موثر ہتھیار ہے۔ عورتوں کو بہ طور تحفہ، کنیز، لونڈی، مچلکہ یا زر ضمانت استعمال کیا جاتا تھا، مگر تانیثی ادب نے عورتوں کو عدلیہ، پارلیمنٹ، میڈیا، آرمی اور دیگر شعبوں میں مردوں کے شانہ بشانہ کام کرنے کا قابل بنایا۔ تانیثیت کی چار لہریں ہیں:

ماقبل جدید، جدید، مابعد جدید اور معاصر دور

پہلا دور عورتوں کی مجموعی غلامی کے خلاف وجود میں آیا ہے۔ دوسرا دور دوسری جنگ عظیم کے بعد یعنی 1960 سے شروع ہوتا ہے۔ اس میں عورتوں کی خانہ نشینی، خانگی زندگی، توالد و تناسل، گھریلو تشدد، عصمت دری، طلاق، مہر اور پدرسری نظام کے خلاف آواز ہے۔ یہ دور انفرادی آزادی کا ترجمان ہے۔ تیسرے دور کا آغاز

1990 سے ہوتا ہے، جس میں عورتوں کا لسانی، تمدنی، سماجی، مذہبی اور سیاسی تشخص پیدا کرنے کی جستجو ہے۔ جب کہ چوتھا دور 2008 سے شروع ہوتا ہے جس سے مراد معاصر دور ہے۔ اس میں عورت کا سائنس اور جدید ٹیکنالوجی کے استعمال سے زیادہ سے زیادہ مستفید ہونا ہے۔

4000 ق م آثار قدیمہ سے دریافت ہونے والی شاعری اور فنی نمونوں سے اندازہ ہوتا ہے کہ اس وقت کی شاعری کا اصل محرک و ماخذ عورت ہی ہے، جس میں ایرک یعنی عراق کے جابر و عیاش بادشاہ گلگاش کے خلاف احتجاج کیا گیا ہے۔ عربی شاعرہ خنساءؓ، کشمیری شاعرہ حبہ خاتون، ہندی شاعرہ ساورا، انگریزی شاعرہ جین آسٹن، مغل شاعرہ زیب النساء اور رابعہ خضداری وغیرہ نے صدی بہ صدی تانیثی ادب میں اپنا لوہا منوایا ہے۔

اردو ادب کا دامن تانیثیت کے لیے ہمیشہ موزوں اور کھلا رہا ہے۔ پدرانہ تسلط اور مشرقیت تانیثیت کی راہ میں رکاوٹ رہی ہے۔ اردو غزل کی دنیا میں تانیثیت کی بنیاد ماہ لقا بائی چندا، سیدہ خیر النساء، آمنہ خاتون، عصمت آراء اور بیگم عصمت لکھنوی کے ہاتھوں ڈالی گئی ہے۔ سر سید احمد خان، ڈپٹی نذیر احمد، حالی اور آزاد نے بھی اردو تانیثی ادب میں اپنا بھرپور کردار ادا کیا ہے۔ ڈپٹی نذیر احمد کے ناول، راشد الخیری کا رسالہ "عصمت"، حالی کی نظمیں "چپ کی داد، بیوہ کی مناجات"، رشید جہاں کا "دلی کی سیر" عصمت کا "معصومہ" اور افسانوی مجموعہ انگارے اردو تانیثی ادب کے نقش اول ہیں۔ ترقی پسند افسانوی دور میں چوتھی کا جوڑا، ننھی کی نانی، بیٹی داماد، ایک شوہر کی خاطر اور لاجونتی مشہور تانیثی افسانے ہیں۔ جمیلہ ہاشمی، ذکیہ مشہدی، قمر جہان اور طاہرہ اقبال چند مشہور تانیثی خاتون لکھاری ہیں۔

تانیثی غزل میں ادا جعفری، کشور ناہید، فہمیدہ ریاض، پروین شاکر، عذرا عباس، مسرت شاہین، شائستہ یوسف، ممتاز مرزا، شبنم شکیل، جہاں آرا تبسم، حمیرا اصدف اور حمیدہ شاہین وغیرہ نے عورتوں کو مزاحمت سے آشنا کیا، عورت کی از سر نو تشکیل کی اور عورتوں کو چاردیواری اور مجازی خدا کے چنگل سے آزادی دی۔ اردو تانیثی اسلوب میں خود اعتمادی، خود شناسی، للکار، اختلاف، تنقید، مزاحمت، زندہ رہنے کی لپک، استحصال کے خلاف آواز، اور خودی پر یقین موجود ہے۔

مشرقی مردرخی سماج میں عورت آدھا انسان ہے۔ تخلیقی اور فنی دنیا سے عورت غائب ہے۔ معاشرتی لحاظ سے عورت خود مکتفی نہیں، بل کہ ایک طفیلی وجود ہے۔ عورت ماحول و دنیا سازی میں شراکت نہیں رکھتی۔ عورت غزل کی جان ہے، مگر غزل گو نہیں۔ روح جشن ہے، مگر جشن کی منتظم نہیں۔ تحفہ ہے، کنیز ہے، مگر ملکہ نہیں۔ جسم و جمال کا ڈھیر ہے، مگر عقل و دانش سے عاری ہے۔ اور اختیاری ہیں، مگر خود مختار نہیں۔

اردو تانیثی ادب نے عورت کی صحیح تفہیم افسانہ نویسی کی دنیا میں تجریدیت، جنسیت، علامت نگاری اور تحلیل نفسی کے ذریعے کی۔ بانو قدسیہ، عصمت چغتائی، زاہدہ حنا، امرتا پریتم، اروندھتی رائے، الطاف فاطمہ، زیتون بانو اور طاہرہ احساس جتک و دیگر نے عورتوں کے مسائل اور ان کا حل افسانوی زبان میں پیش کیا ہے۔

یوں تو منشی پریم چند، کرشن چندر، راجندر سنگھ بیدی، منٹو اور احمد ندیم قاسمی نے بھی تانیثیت سے متعلقہ موضوعات پر لاتعداد اور لافانی تحریریں لکھی ہیں۔

اردو مثنوی، مرثیہ، گیت اور خصوصاً ڈراما نگاری عورت کے ذکر کے بغیر نامکمل ہے۔ اندر سبھا میں عورت کو مرد سے کم تر دکھایا گیا ہے۔ رستم و سہراب میں تہمینہ کو بہادری اور دانش کا پیکر دکھایا گیا ہے۔ انارکلی میں عورتوں کا استحصال دکھایا گیا ہے۔ عصمت چغتائی نے دھانی بانکپن میں تقسیم سے متاثرہ لڑکیوں کا ذکر کیا ہے۔ راجندر سنگھ بیدی نے "بے جان چیزیں" میں مردوں کا نشے میں چور اور طاقت پر مغرور ہونے کا عورتوں پر مہلک اثرات کا ذکر ہے۔

مرزا ادیب، امجد اسلام امجد، مستنصر حسین تارڑ، اصغر ندیم سید اور اشفاق احمد نے مردوں کا عورتوں پر ظلم اور ان کے بچوں پر پڑنے والے گہرے نفسیاتی اثرات کا تفصیل سے نقشہ کھینچا ہے۔ اردو ڈراما نگاری نے تانیثی ادب میں ایک نئی روح ڈالی ہے۔ اردو تانیثی ڈراما نگاری نے عورتوں کی نفسیات، گھریلو زندگی اور گھریلو تشدد کو بے نقاب کیا ہے۔

مجموعی طور پر اردو تانیثی ادب نے عورتوں کو تعلیم حاصل کرنے کا حق، معاشی خوش حالی، سیاسی آزادی، سماجی خودمختاری اور اپنی انفرادی شناخت برقرار رکھنے کی صلاحیت عطا کی ہے۔ اردو ادب مرد اور خواتین دونوں کی ترقی، خوش حالی اور آزادی پر یکساں یقین رکھتا ہے اور اردو ادب نے برصغیر پاک و ہند کی عورتوں کو جینے کا سلیقہ اور جرات بھی عطا کیا ہے۔

برصغیر پاک و ہند میں بالعموم اور پاکستان میں بالخصوص عورتوں کی ترقی اور خوش حالی اردو تانیثی ادب کی مرہون منت ہے۔

[بشکریہ 'ہم سب'، 23 اکتوبر 2023]

نئی اردو نظم میں تانیثی مزاحمت اور احتجاج

شہزادانجم برہانی

1960 کی دہائی کے بعد سے اردو میں جدید شاعری اور جدیدیت کے رجحان کے زیر اثر مواد، موضوعات، اور شعری اظہار کے سابقہ تمام پیمانوں سے انحراف کا سلسلہ شروع ہوا۔ انسان کے نئے مسائل اور نئی پیچیدگیوں کے سبب اس کے اظہار میں بھی سپاٹ اور اکہرے اسلوب کے مقابلے علامتی اور استعاراتی اندازِ بیان کی اہمیت بڑھی۔ جہاں جدیدیت کے رجحان نے روایت اور ماضی کو ناقابلِ اعتنا سمجھ کر رد کرنے کا سلسلہ شروع کیا وہیں روایت کی بازیافت اور اس کے اظہار کی نئی جہتوں کو تلاش کرنے کا ہنر بھی بخشا۔ اب شاعری میں ایسے موضوعات بھی زیر بحث آنا شروع ہوئے جو اس سے قبل ادبی سطح پر احتیاط اور ادبیت کا تقاضا کرتے تھے۔

ادھر آزادی کے بعد خاص طور سے 1960 کی دہائی کے عرصے میں شاعرات کی جانب سے جو ادب تخلیق ہونا شروع ہوا اس میں نسائی احساسات کا برملا اظہار اور تانیثیت کی تحریک نے بہت موثر نتائج پیش کیے۔ تانیثی ڈسکورس کو اردو ادب میں جن شاعرات نے پورے فنی لوازمات کے ساتھ برتا ہے انھیں اردو ادب اور شاعری میں ایک نئے ذائقے سے تعبیر کیا جاسکتا ہے۔ تانیثیت کا آغاز مغرب میں ہوا، جس میں وہاں کی شاعرات اور ادیبوں نے عورت کو پدرمرکوز معاشرے میں اس کا جائز حق دلانے اور مرد مساوی تمام اختیارات دیے جانے پر زور دیا۔ عورت کو کمتر سمجھے جانے کے خلاف اس تحریک کے بانیوں نے آواز اٹھائی۔ سماج اور معاشرے میں وہ تمام بنیادی حقوق جو مردوں کو عطا کیے گئے تھے اور عورتوں کو ان سے مستثنیٰ رکھا گیا تھا، اس کے خلاف احتجاج کیا گیا۔ خاص طور پاکستان میں مذہب اور سیاست کے زیر اثر رجعت پرستی کا رجحان پیدا ہوا اور عورتوں سے ان کی آزادی چھین لی گئی۔

چونکہ تانیثی تحریک مرداساس معاشرے کے جبر کے خلاف شروع ہوئی تاہم عورتوں کے مسائل مثلاً

ان کے سماجی، معاشی، معاشرتی، ذہنی اور جنسی مسائل کے ساتھ ان کے تحفظ اور عزت نفس کے مسائل بھی زیر بحث آئے۔ خاص طور سے مشرقی معاشرے میں عورتوں کی شادی بیاہ کے معاملات میں جس طرح عورتوں کی پسند اور ناپسند کو کوئی اہمیت نہیں دی جاتی اور اس کی زندگی کا فیصلہ اس کی مرضی کے خلاف کیا جاتا ہے۔ یہ ایسے موضوعات تھے جن پر شاعرات نے بھرپور احتجاج درج کیا ہے۔ اور اب یہ بات پورے وثوق کے ساتھ کہی جا سکتی ہے کہ تانیثیت کے زیرِ اثر اردو میں بھی شاعرات نے قابل قدر کام انجام دیے ہیں۔ اپنے احتجاج اور مزاحمت کے ذریعے سماج اور معاشرے کے فرسودہ نظام کو بدلنے اور اپنے حقوق کی بازیافت کے لیے جارحانہ رویہ بھی برتا ہے۔ عورت کی زندگی کے نجی تجربات اور اس کے جنسی مسائل کا اظہار بھی ہوا ہے، جو دراصل پدر مرکوز معاشرے میں ان کے احتجاج کی ہی ایک شکل ہے۔

کلیدی الفاظ

تانیثیت، احتجاج، مزاحمت، پدر مرکوز معاشرہ، پدری نظام، مغربی تہذیب، جنسی مسائل، آزادیِ نسواں، مشرقی تہذیب، نسوانی احساسات وجذبات، مرد اساس سماجی نظام، بنیادی حقوق، مساوات، قید، تنہائی، نجی تجربات۔

تانیثی تحریک مرد اساس معاشرے کے جبر کے خلاف شروع ہوئی، جس میں عورتوں کے مسائل مثلاً ان کے سماجی، معاشی، معاشرتی، نفسیاتی، ذہنی اور جنسی مسائل کے ساتھ ان کے تحفظ اور عزت نفس کے مسائل بھی زیر بحث آئے۔ اس کے علاوہ کچھ بنیادی مسائل اور حقوق کے لیے اس تحریک کے ذریعے آواز بلند کی گئی، جن میں عورتوں کی تعلیم وتربیت کا حق، تجارت کرنے کا حق اور ووٹ ڈالنے کا حق شامل تھا۔ یعنی مرد اساس معاشرے کے خود ساختہ قانون اور اس کے استحصالی رویوں کے بڑھتے ہوئے جبر کے خلاف آزادیِ نسواں کی یا تانیثی تحریک وجود میں آئی۔ اس تحریک کا آغاز مردوں کی بالادستی اور ان کے ظلم و جبر، عورتوں کے استحصال اور حق تلفیوں کے خلاف ایک شدید ردعمل کے طور پر مغربی ممالک جیسے امریکہ، برطانیہ، فرانس اور جرمنی میں ہوا۔ لیکن عصر حاضر میں رفتہ رفتہ تانیثیت کی تحریک کی جڑیں مشرقی ممالک میں پھیلنے کا سلسلہ بھی عرصے سے روزافزوں ہے۔

ویسے اس موقع پر مناسب ہوگا کہ تانیثیت کے رجحان کی مبادیات کو ڈاکٹر شہناز نبی کے ایک اقتباس کی صورت میں پہلے واضح کرلیا جائے۔ وہ اس موضوع پر اپنی ایک اہم کتاب میں رقم طراز ہیں:

''تانیثیت انگریزی لفظ (Feminism) کی اردو اصطلاح ہے۔ لاطینی زبان میں Femina کے معنی عورت کے ہیں۔ فیمینزم اسی لاطینی لفظ سے وجود میں آیا ہے۔ فیمینزم یا تانیثیت کی مختلف دور میں مختلف تعریفیں کی گئی ہیں، عام طور سے اس کے معنی ہیں، عورت، عورتوں کا وغیرہ اور Ism سے مراد 'نظریہ' ہے گویا فیمینزم

کے معنی ہوئے 'تانیثی نظریہ یا تانیثیت'۔''1

تانیثیت دراصل خواتین کا مردوں کے خلاف ایک طرح کا احتجاج ہے۔اس تحریک کے علمبرداروں نے مردوں کی طرح عورتوں کو بھی تمام مواقع اور اختیارات دیے جانے کا مطالبہ کیا۔تانیثی تحریک کے آغاز یا اس کی پہلی کوشش کے متعلق عتیق اللہ رقم طراز ہیں:

''تانیثی تحریک اپنی پیش تر صورتوں میں صنفی مساوات کی دعویدار ہے۔صنفی مساوات کے علمبرداروں میں میری وال سٹون کرافٹ (1759-1797) جو کہ میری شیلی کی ماں تھی، کا نام سرفہرست ہے۔وال سٹون کرافٹ کی تصنیف "A Vindication of the Rights of women 1792" اس معنی میں پہلی تانیثی کتاب سمجھی جاتی ہے کہ مصنفہ نے اسے ایڈمنڈ برک کی تصنیف "A Vindication of the Rights of men" کے جواب میں قلمبند کی تھی۔برک نے مردوں کے حقوق پر اصرار کیا تھا اور عورتوں پر اپنی بالادستی کے چلن کو صحیح ثابت کرنے کی کوشش کی تھی۔وال سٹون کرافٹ نے نہ صرف یہ کہ عورتوں کو محض سامانِ عیش ماننے سے انکار کیا، بلکہ جنسی اور صنفی تصور کے تفوق کو سختی کے ساتھ غیر فطری اور غیر منطقی نیز ایک سماجی دین ٹھہرایا حقوق کے ضمن میں اس کا اصرار مساوات کے اس ڈھانچے پر تھا جسے مرد و عورت پر بغیر از تخصیص بلند و پست منطبق کیا جا سکے۔مرداساس ادارہ بندی پر یہ پہلی ضرب تھی۔''2

ظاہر ہے کہ تانیثیت کی تحریک کا آغاز مردوں کے بنائے ہوئے اصولوں کے خلاف احتجاج اور مزاحمت کی شکل میں ہوا، جس کے تحت عورتوں کو اپنی مرضی کے مطابق زندگی کے مواقع فراہم نہیں کیے جانے، انھیں سماج اور سوسائٹی میں پس پشت رکھے جانے کا رویہ شامل تھا۔اس لیے مرداساس معاشرے کے بارے میں عورت یہ سوچنے پر مجبور ہوئی کہ وہ جن حقوق کی مستحق ہے وہ اسے حاصل ہیں یا نہیں؟ اور اگر ایسا نہیں ہے تو پھر اس کے پیچھے کون سے محرکات کارفرما ہیں؟ تانیثیت کے زیر اثر مرد غالب معاشرہ اور پدری نظام کے علاوہ تمام سماجی، سیاسی، معاشرتی معاملات میں جنسی تفریق کو موضوع بنا کر احتجاج کیا گیا تاہم تانیثیت کے اس وسیع تناظر کے پیش نظر اس کی کوئی حتمی تعریف کرنا بھی مشکل ہے۔

مشرقی ادب یا برصغیر میں تانیثیت کے رجحان سے قبل بیسویں صدی کے آغاز میں فرانس، امریکہ اور برطانیہ وغیرہ میں تانیثیت کے موضوعات و نظریات شدت کے ساتھ ادب میں برتے جا رہے تھے۔ورجینا وولف نے A Room of ones own لکھ کر اس کی اہمیت کا احساس دلایا، جو مغرب میں رائج پدری نظام کی بنیادوں پر قائم سماج کی عکاسی کرتی ہے۔سیمون دی بوائر نے The Second Sex لکھ کر عورتوں کی حالتِ زار کو پیش کیا ساتھ ہی پدر مرکوز معاشرے میں مرد کی مرکزیت اور عورت کی ثانوی حیثیت کو بھی اجاگر کیا۔مغرب میں مرد کے تصور کا غلبہ اتنا زیادہ رہا کہ خود بہ خود عورت کی حیثیت ثانوی ہوگئی اور وہ محکوم گردانی جانے لگی۔مغرب میں تانیثی تحریک کے زیر اثر نسائی تخلیقات میں جو بات کھل کر سامنے آئی اس سے اندازہ ہوتا ہے کہ یہ تخلیق کار

صدیوں سے رائج پدری نظام کو مٹا کر ایسی دنیا آباد کرنے کی خواہاں ہیں، جہاں عورت اور مرد کی تخلیقات کو یکساں اہمیت حاصل ہو، نیز عورتیں اپنے جذبات کو کھل کر بیان کر سکیں اور عورتوں کو کسی بھی نہج سے کم تر تصور نہ کیا جائے بلکہ سماج اور سوسائٹی میں اسے ایک اکائی کا درجہ حاصل ہو سکے۔ مغربی معاشرہ مرد اساس معاشرہ رہا ہے، اسی لیے ادبی تخلیقات میں بھی مردوں کی بالادستی کا رجحان حاوی رہا اور عورتوں کو معمولی اہمیت کے لائق بھی نہیں سمجھا گیا۔ اس تفریق نے بھی تانیثی تحریک کے لیے بنیاد فراہم کی۔ ابوالکلام قاسمی کا خیال ہے کہ ☐

''مغرب مرد کی مرکزیت کے تصور کا ایسا عادی ہے کہ اس میں عورت اپنے آپ محکوم یا غیر بن کر رہ جاتی ہے۔ چنانچہ بیشتر ادبی تحریروں میں اس تفریق کا عکس اس طرح منتقل ہوا ہے کہ مرد کرداروں کے مقابلے عورت کا کردار نصف بہتر کے بجائے نصف کہتر کے نمونے پیش کرتا ہے۔ اس صورت حال میں مردانہ رویوں کی بالادستی کے سبب مرد ادیبوں کی تحریریں صرف مردوں کے لیے لکھی ہوئی معلوم ہوتی ہیں۔ اس لیے اس رویے کی مزاحمت کی خاطر ایک زاویہ نظر کی شدید ضرورت محسوس کی گئی جو جنسی عدم توازن اور افراط وتفریط کو نشان زد کر سکے اور قدیم وجدید ادب کی قرأت ثانی یا قرأت مختلف پر اصرار کر سکے۔ اس طرز مطالعہ کو مزاحمتی قرأت کا بھی نام دیا جا سکتا ہے۔''3ـ

معاشرے میں جنسی عدم توازن اور افراط وتفریط کی فضا میں تانیثیت کے نمائندہ ادیبوں نے زندگی اور سماج کے مختلف پہلوؤں پر نظر ثانی کرنے پر زور دیا۔ جہاں مردوں کے بنائے ہوئے اصولوں کو رد کرنے اور عورتوں کو مساوی حقوق دیے جانے کا مطالبہ شامل تھا۔ ادب میں بھی مردوں کے ذریعے بنائے گئے اصولوں اور نظریات کی مخالفت میں نئے شعری رجحانات اور شاعری میں تانیثی ڈسکورس کے نئے اصول وضوابط تیار کیے گئے۔ مغربی ادب میں تانیثیت کی تحریک کا جواز فراہم کرتے ہوئے سید محمد عقیل رقم طراز ہیں:

''.....عورت کی تخلیقات کو نہ صرف یہ کہ اہمیت کم دی جاتی ہے بلکہ ان تخلیقات کی تفہیم یا تعبیر یہ مرد سوسائٹی اپنے رویے سے کرتی رہی ہے جس میں عورتوں کی نفسیات، برتاؤ (Behaviour) اور ان کے اپنے سوچنے کے طریقوں کو کسی مطالعے میں شامل نہ کر کے سب کچھ مرد حاوی سوسائٹی اپنی طرح سے پیش کرتی رہی ہے، جس کے باعث زندگی اور ادب دونوں کے اظہار، مطالعے اور پیش کش سب میں عورت ایک مسخ شدہ جنس (Commodity) بنتی ہے۔''4ـ

اس کے علاوہ معاشرے میں عورت کو نصف بہتر کے طور پر دیکھنے کا رویہ اور صنفی بنیادوں پر قائم مرد معاشرے میں عدم مساوات کے زیر اثر عورتوں نے مساوی حقوق کی بازیافت کے لیے جارحانہ رویہ اپنانے سے بھی گریز نہیں کیا۔ یہ مسئلہ سیاسی صورت حال کے تحت نہیں بلکہ سماجی نابرابری اور صنفی بنیادوں پر قائم تفریق کی بنیاد پر زور پکڑ رہا تھا۔ جان اسٹورات مل کے حوالے سے عتیق اللہ لکھتے ہیں کہ:

''معاشرے میں مرد جہاں سرگرم اور اپنے وجود کی تصدیق ہے خودگر ہے، خودنگر ہے عورت محض ایک

دست نگر ہے۔ جسے نہ تو اپنی شخصیت کو خود بنانے کا حق ہے اور نہ انفرادیت کی تشکیل اور تکمیل میں وہ آزاد ہے تاہم مل سیاسی سطح پر عورتوں کے لیے آواز بلند نہیں کر سکا کیونکہ سیاسی صورت حال عورتوں کے حق میں نہیں تھی۔''5؎

عورتوں نے جنسی تفریق و تخصیص کے خلاف آواز اٹھاتے ہوئے خود کو محض انسان سمجھے جانے کا مطالبہ کیا۔ جس طرح سماج میں ایک عام فرد اپنی شخصیت کی تعمیر و تشکیل میں آزاد ہے اسی طرح عورتوں کو جنسی تفریق اور صنفی بنیاد پر کمتر سمجھے جانے کے بجائے انھیں بھی اپنی شخصیت کو بنانے کی آزادی ہونی چاہیے۔

ہندوستانی سماج کی بات کی جائے تو یہاں صدیوں سے عورت کہنہ رسم ورواج کی زنجیروں میں قید رہی ہے اور اسے مردوں کے مقابلے میں ہمیشہ کم تر شے سمجھا گیا ہے۔ عورت پر عائد پابندیوں کا یہ عالم تھا کہ اس کا اونچی آواز میں بات کرنا معیوب سمجھا جاتا تھا، زور سے ہنسنے کی ممانعت تھی۔ شروع سے ہی عورتوں کو تعلیم سے دور رکھا گیا، جن گھرانوں میں لڑکیوں کی تعلیم کو اہمیت دی گئی وہاں بھی صرف پڑھنے کی اجازت تھی، لکھنے کی آزادی بالکل نہیں تھی۔ جہاں تک عورتوں کے تخلیقی سفر کا سوال ہے اس کا باقاعدہ آغاز بیسویں صدی میں ہوا۔ تذکروں سے حاصل شدہ معلومات سے اندازہ ہوتا ہے کہ عورتوں نے 18ویں صدی سے اردو میں شعروشاعری شروع کر دی تھی اور انیسویں صدی کے اواخر میں مضامین اور فکشن لکھنے کی طرف راغب ہوئیں۔

اٹھارہویں صدی میں یا انیسویں صدی کے اواخر میں جو شعری و نثری تخلیقات عورتوں کی جانب سے سامنے آئیں ان میں کسی تحریک یا تانیثی رجحان کا سراغ لگانا بے سود ہے۔ جہاں تک مشرق میں تانیثی تحریک یا نسائی جذبات واحساسات کے اظہار کا سوال ہے اس کے لیے مشرق میں موجود Sterio type نظریات کے سبب دقتیں پیدا ہوتی رہی ہیں مگر موجودہ زمانے میں تعلیم کے نتیجے کے سبب روایتی قدروں سے بیزاری اور نئی فکری و شعوری بیداریوں کے باعث یہاں بھی تانیثیت کی تحریک کے اثرات نمایاں ہونا شروع ہو گئے ہیں۔

بیسویں صدی کی نصف آخر کی دہائیوں میں عورتوں کا تعلیم کی طرف راغب ہونا اور تخلیقات میں باقاعدہ طور سے صیغۂ تانیث کا استعمال پدر مرکوز معاشرہ اور مرد مرکوز ہم عصر ادبی ماحول میں نسائی امیج پیش کرنے کی پہلی کوشش کہی جاسکتی ہے۔ یہ رجحان خاص طور سے بیسویں صدی میں ہی پروان چڑھا، جس میں عورتوں کے ذریعے پیش کی جانے والی ادبی تخلیقات میں تشخص کو برقرار رکھنے کا جذبہ نمایاں ہوا۔

پدر مرکوز نظام نے عورتوں کی اصل صورت کو اتنا مسخ کر دیا تھا کہ جب عورتوں نے لکھنا شروع کیا تو ان کی تخلیقات میں باقاعدہ تعلیم کے سبب پیدا ہونے والی روشن خیالی نے سب سے پہلے پدرانہ نظام کے خلاف لکھنے کی ترغیب دی۔ باپ، شوہر، بھائی کے رشتوں کے سبب ہمیشہ اسے کم تر سمجھا گیا۔ گھر، سماج میں اسے ان تمام حقوق سے محروم رکھا گیا جو مردوں کے لیے جائز تھے۔ مردوں کے ان ہی استحصالی ضابطوں کو عورتوں نے توڑنا شروع کیا، جس نے انھیں گھر کی چہار دیواری میں قید کر دیا تھا۔ شاعرات نے مردوں کے حاکم اور عورت کے محکوم ہونے کے احساس کو شاعری میں پیش کرنا شروع کیا:

ادا میں نکہت گل بھی نہ تھی، صبا بھی نہ تھی
کہ میہماں سی رہوں، اور اپنے گھر میں رہوں

(ادا جعفری)

مردوں کو سب روا ہے پہ عورت کو ناروا
شرم و حیا کا شہر میں چرچا بھی ہے عجب
فاختہ بن کے اڑنے کو جی چاہتا ہے
پر آجائیں تو گھر میں چھپ جاتی ہوں

(کشور ناہید)

فیصلے سارے اسی کے ہیں ہماری بابت
اختیار اپنا بس اتنا کہ خبر میں رہنا
آراستہ تو خیر نہ تھی زندگی کبھی
پر تجھ سے قبل اتنی پریشان بھی نہ تھی

(پروین شاکر)

پتھروں سے وصال مانگتی ہوں
میں آدمیوں سے کٹ گئی ہوں

(فہمیدہ ریاض)

ان شعروں سے اندازہ ہوتا ہے کہ کس طرح عورت اور مرد کے رشتے میں عورت مجبور و محکوم کے روپ میں اور مرد حاکم و جابر کی شکل میں سامنے آتا ہے۔ عورت مرد کی قربت میں زندگی کی خوبصورتیوں سے آشنا ہونے کے بجائے پریشانیوں میں گھر جاتی ہے۔ لیکن اس کے ساتھ وہ پرانے قیود و بندشوں کو توڑنے میں بھی مبتلا ہے۔ آزادی کے بعد عورتوں کی جانب سے کی جانے والی جو شاعری تانیثی رویوں کی نمائندگی کرتی ہے ان کا اظہار نظمیہ شاعری میں بھرپور انداز میں سامنے آتا ہے۔ ہندوستان میں کم لیکن پاکستان میں شاعرات کی تعداد زیادہ ہے، جن کے یہاں سماج اور معاشرے میں برسوں سے رائج نظام کے خلاف سخت رویہ برتا گیا اور ان تمام زنجیروں کو توڑنے کی کوشش کی گئی، جنھوں نے عورتوں کو زندگی میں آگے بڑھنے سے روکا تھا اور ان کی ذہنی و فکری آرزوؤں کو جکڑ رکھا تھا۔ ان شاعرات کی تخلیقات سے اندازہ ہوتا ہے کہ اب عورت کھلی فضا میں سانس لینے کی خواہاں بھی ہے اور ان تمام اصولوں کو ہدف بناتی نظر آتی ہے جو اس کی آزادی کے حق میں مضر ہیں۔

کلموہی اور نصیبوں جلی/ سنتے سنتے گھر میں پلی/ ڈر ڈر دیکھا بدن کو/ گندا سمجھا لگن کو/ بن بَر دیکھے بیاہی

گئی/ میں سوچوں میں چاہی گئی/ چمڑی چیخ بنے چاہت/ لوگ کہیں ہیں دسراہت/ گھر کا یا دیواروں سے/ بات کروں انگاروں سے (کشور ناہید)

کشور ناہید کی نظم کا یہ حصہ پدری جبر میں مقید عورت کی داستان بیان کرتا ہے، جو ہمیشہ سے رائج نظام معاشرے کا عکاس بھی ہے اور عورت کے شدید کرب کی غمازی بھی کرتا ہے، جہاں اس کی آرزو کوئی معنی نہیں رکھتی بلکہ جہاں پدری نظام ہی اہم ہے۔

فہمیدہ ریاض نے شاعری میں نسائی امیج کو برقرار رکھنے کے لیے بسا اوقات جارحانہ رویہ بھی اختیار کیا۔ ان کی تخلیقات کی روشنی میں ان کے اندر کی جھنجھلاہٹ، غصہ اور بے چینی کو محسوس کیا جا سکتا ہے، اسی لیے وہ ہر مخالفت کے باوجود بھی اپنے ذہنی وفکری اضطراب کو بیان کرنے سے خود کو نہیں روک پاتیں۔ شاعری میں احتجاج کی آواز بلند کرنے سے متعلق لکھتی ہیں:

''ادیب، شاعر، فلسفی اور آرٹسٹ بھی اسی معاشرے کی پیداوار ہوتے ہیں مگر ان کا زندگی بسر کرنے کا طریقہ ذرا مختلف ہوتا ہے۔ وہ ایک جوش و خروش سے احتجاج کی صدا بلند کرتے ہیں۔ جن لوگوں نے احتجاج کا نعرہ نہ لگایا ہو وہ کبھی نہیں جان سکتے کہ یہ کیسی جگر خراش صدا ہوتی ہے۔''6؎

فہمیدہ ریاض کی ان باتوں سے اندازہ ہوتا ہے کہ معاشرے میں پیش آنے والی نامساعد صورت حال کے خلاف سوچنے، محسوس کرنے کا طریقہ اور پھر ان کے خلاف پورے جوش و خروش سے آواز بلند کرنے کی صلاحیت حقیقی فن کار میں ہوتی ہے۔ جن اقدار، رسومیات اور نظام کا برسہا برس سے معاشرہ پیروکار رہا ہو اس کے خلاف جا کر احتجاج اور بغاوت کرنا کوئی آسان کام نہیں ہے مگر آزادی کے بعد مغربی تعلیم و تہذیب اور نظریات کے فروغ کے سبب تانیثی تحریک کے زیر اثر خواتین کے حقوق کی آواز بلند کی گئی اور اس آواز کے ساتھ ان تمام نظریات اور اصولوں کو نشان زد کیا گیا، جن سے عورتوں کا استحصال ہوتا آرہا تھا۔ مرد کے ظلم و جبر کے سامنے بے بس عورت اب نئی توانائی اور سوچ و فکر کے ساتھ بیدار ہوئی اور اس نے اپنے حقوق کے لیے آواز بلند کی۔ پدری نظام نے شادی بیاہ کے معاملات میں عورتوں کی مرضی کو کوئی خاص اہمیت نہیں دی تھی اور اسے اپنی پسند کو قربان کرنے کے ساتھ گھر، خاندان کے افراد کے فیصلوں کو ماننا پڑتا تھا۔ خاندان اور معاشرے کے اس جبر نے عورتوں کی حالت کو مسخ کیا، ساتھ ہی ازدواجی زندگی میں عورت کی محبت بھی تقسیم ہوتی رہی، جس کے خلاف آواز بلند کی گئی۔ آج کی عورت مرد کی محکوم اور غلام نہیں بلکہ وہ پورے اعتماد اور یقین کے ساتھ اپنے حق اور برابری کے لیے احتجاج اور مزاحمت کرتی ہوئی نظر آتی ہے۔ جدید شاعرات کے یہاں نہ صرف پدری نظام کے تحت ازدواجی زندگی میں پیش آنے والی مصیبتوں کا بیان ملتا ہے بلکہ وہ پورے System کے خلاف صف آرا بھی نظر آتی ہیں۔

میرے منہ پر تمانچے مار کر/ تمھارے ہاتھوں کی انگلیوں کے نشاں/ پھولی ہوئی روٹی کی طرح/ میرے منہ پر صد رنگ غبارے چھوڑے جاتے ہیں/ تم حق والے لوگ ہو/ تم نے مہر کے عوض حق والی بولی جیتی ہے

(نیلام گھر۔ کشور ناہید)

مہر کی ادائیگی کے بعد مرد، عورت کو غلام سمجھتا ہے اور پھر اس کے ساتھ غلام اور مالک کے فرق کے مطابق ظالمانہ سلوک برتا جاتا ہے، جہاں عورت بے بس اور مجبور نظر آتی ہے۔ مرد کے اس رویہ کے خلاف طنز اور احتجاج اس نظم کا خاصہ ہے۔

شامیانے کے پرلی طرف/ وقت کے جبر کے سامنے/ چپ کھڑی مامتا/ جس کے چاروں طرف/ تشنہ ہونٹوں، گرسنہ نگاہوں، لٹکتی زبانوں، بدن گیر غراہٹوں کا عجب غول ہے/ اور اسی غول سے/ اپنی نازوں کی پالی کی خاطر/ بڑے جبر سے/ ایک مجبور ہرنی کی صورت وہ چن لائی ہے/ اک ذرا کم ضرر بھیڑیا (کنیادان۔ روین شاکر)

پروین شاکر کی اس نظم میں وہی کرب موجود ہے، جو عورتوں پر کیے جانے والے ظلم وستم کا احساس دلاتا ہے۔ جہاں بیٹی کی شادی پر ماں کے سامنے منڈلانے والے اس خوف کو بیان کیا گیا ہے جو مردانہ مزاج کی عکاسی کرتا ہے۔ جہاں شادی کے بعد ایک لڑکی بہو، بیٹی اور ماں بن کر ظلم اور استحصال کا شکار ہوتی رہتی ہے۔

کچھ اور نظمیں اسی پس منظر میں دیکھی جاسکتی ہیں۔

بہت سے رنگ ہیں میرے/ ..../ جنھیں تم چھو نہیں سکتے/ بہت سی بارشیں ہوتی ہیں مجھ میں/ جن کی آوازیں/ کبھی تم سن نہیں سکتے/ ..../ بہت سے غم ہیں/ جو کروٹ بدلتی رات کے/ پہلو سے لگ کر مسکراتے ہیں/ مگر اس مسکراہٹ کی خبر تم کو نہیں ہوتی/ یہ دوری ہے/ ہمیشہ کی/ جسے شاید/ مسلسل مجھ کو سہنا ہے/ مگر پھر بھی تمھارے ساتھ رہنا ہے (تمھارے ساتھ رہنا ہے۔ شاہدہ حسن)

عورت اپنی ذات کو دانہ دانہ/ ایک ہی ہستی کے دھاگے میں گوندھے/ گوندھ کے سمجھے/ اس کی ذات کی سب بکھری کڑیاں زنجیر ہوئیں/ دھاگے کی بس ایک گرہ کے بل پر/ اپنی ہستی کی تکمیل کے امکانات پرودے/ کچے دھاگے/ گرہ لگانے سے کب مضبوط ہوئے/ جب چاہیں/ جس طرح چاہیں/ پھر سے اس تسبیح کو توڑ کے/ ذات کو دانہ دانہ کر دیں (کچے دھاگے۔ نسیم سید)

ان نظموں کے مختلف بند کے مطالعے سے اندازہ ہوجاتا ہے کہ یہ ایک ٹوٹی ہوئی عورت کے دکھ کا اظہار ہے۔ ازدواجی زندگی میں مرد کی وقتی محبت اور جذباتی لمحات کے علاوہ عورت ہر مرحلے میں تنہا اور مرد کی قربت کے باوجود فاصلے کے احساس میں خود کو مبتلا پاتی ہے۔ شاہدہ حسن کی نظم میں عورت کی تنہائی موضوع بنتی ہے، جس کا سبب شوہر کے ہوتے ہوئے بھی احساس بیگانگی کا ہر وقت ساتھ رہنا ہے۔ پدرانہ معاشرے کے ذریعے بنایا گیا رشتہ جسے نبھانے کے لیے عورت مجبور ہے، شوہر کی تمام تر بے اعتنائیوں کے باوجود بھی وہ وفاشعار ہے اور ہر دکھ کو خامشی سے برداشت کرتی ہے ''مگر پھر بھی، تمہارے ساتھ رہنا ہے'' عورت کے کرب اور لاچاری کی نمایاں مثال ہے۔

کم وبیش یہی رویہ نسیم سید کی نظم 'کچے دھاگے' میں سامنے آتا ہے، جہاں وفا کرنے کے بعد بھی عورت

مرد کی دائمی محبت اور خلوص سے محروم ہے۔ مرد جب چاہتا ہے عورت کی تمام وفاؤں کے باوجود اس سے علیحد گی اختیار کرلیتا ہے۔

سنا ہے یہ/ تمھارے دل کے خوش منظر جزیرے میں/ نیا موسم پھر آیا ہے/ ..../ ہمیشہ کی طرح تم پھر/ شکستہ دل/ شکستہ جاں/ پلٹ آؤ گے گھبرا کر/ اسی ویران بوسیدہ حویلی میں/ جو صدیوں سے/ تمھارے اس تھکے ہارے بدن کو/ اپنی بانہوں میں سمیٹے/ جی رہی ہے/ تمھاری بے وفائی/ جرعہ جرعہ پی رہی ہے (معمول، رفیعہ شبنم عابدی)

مرد (شوہر) کی بے وفائی کی ایک تصویر رفیعہ شبنم عابدی کے یہاں بھی استعاراتی انداز میں نظر آتی ہے، جہاں عورت مرد کی تمام ترکج رویوں کے بعد بھی اس سے محبت کرتی ہے اور تعلق کو نبھانے کی کوشش کرتی ہے۔ پدر مرکوز معاشرے میں شاعرات کے ذریعے اس طرح کے موضوعات کو قلمبند کرنا جس میں عورت کو وفا اور محبت کی دیوی کہا گیا ہے اور مرد کو جفا شعار، ظالم کے روپ میں دیکھنے کا رویہ ملتا ہے مگر پھر بھی مرد کی ہر غلطی، ناروا سلوک پر صبر و رضا کا رویہ ہمارا ذہن معاشرے اور سماج کے اس مرد حاوی رجحان کی طرف منتقل کر دیتا ہے جس میں عورت محض مرد کے ہاتھوں کی کٹھ پتلی بنی رہتی ہے اور اسے اپنی تباہی اور زندگی کرنے کے دوہرے رویے پر خاموشی اختیار کرنا پڑتی ہے مگر ان نظموں سے پتہ چلتا ہے کہ جہاں ایک عورت مرد مرکوز معاشرے کے جابرانہ رویوں سے باخبر ہے وہیں اب نئی عورت کا شعور و آگہی اسے ان فرسودہ اصولوں کے خلاف مزاحمت کرنے کی ترغیب بھی دے رہے ہیں، جو تانیثی فکر اور تحریک کا اہم ترین جز و تصور کیا جاتا ہے۔

جدید شاعرات کے یہاں ازدواجی رشتوں کے متعلق پیش آنے والے تجربات دراصل پدری نظام کا نتیجہ ہیں، جس میں عورت کو ہمیشہ کمتر تصور کیا گیا اور مرد کی بالا دستی اور حاکمیت عورتوں کے مقابلے میں مسلم چلی آ رہی تھی۔ لہٰذا تانیثی رویوں کے پیش نظر یہ شاعرات تمام اصولوں اور ضابطوں کو کھلا چیلنج کرتی ہیں۔ بقول ناصر عباس نیر:

''عورت کا تصور ایک ایسی آئیڈیالوجی کی رو سے کیا گیا ہے جو پدر شاہی نظام کی زائیدہ ہے، جس میں مرد اور مردانہ اوصاف عمومی انسانی قدر (Norm) کا پیمانہ ہیں اور اس پیمانے کی رو سے عورت اہم انسانی اوصاف سے تہی، کمتر مخلوق ہے۔ تانیثیت اس صورت حال کے خلاف شدید احتجاج کرتی ہے اور ان تمام صورتوں اور حکمت عملیوں کو طشت از بام کرتی ہے، جو پدر شاہی نظام نے عورت کو محکوم بنانے کی خاطر اختیار کیں جن کی بنا پر عورت کو حاشیے پر رکھا گیا یا اس کی امیج کو مسخ کر کے پیش کیا گیا۔'' 7۔

تانیثی تحریک سے قبل مغرب میں سماجی، سیاسی، تاریخی اور ادبی سطح پر عورتوں کے ساتھ جو غیر مساویانہ رویہ برتا گیا وہ پدری نظام کا غماز تھا، ان ہی تمام رجحانات کے خلاف احتجاج اور مزاحمت کی شکل میں تانیثی تحریک کا آغاز ہوا۔ مشرقی تہذیب و ثقافت جو ہمیشہ سے مرد غالب معاشرے کی رہین منت رہی ہے یہاں تو عورتوں کو کسی

طرح کی آزادی قطعی نہیں تھی۔ یہاں تک کہ تاریخ وتہذیب کے ہر دور میں عورتوں کو نظرانداز کیا جاتا رہا، جس سے عورت کا تشخص لایعنی ہو کر رہ گیا۔ اس کا اپنا نام اور شناخت باقی نہ رہی۔ آزادی کے بعد عورتوں کے ذریعے ان امتیازات کو مٹانا شروع کیا گیا جو عورت اور مرد دونوں کو دو خانوں میں تقسیم کرتے رہے۔

موجودہ زمانے کی عورت مرد کے شانہ بہ شانہ زندگی اور سماج کے ہر شعبے میں کھڑی نظر آتی ہے لیکن مرد کی مرکزیت اور بالادستی کے باعث اسے Ignore کرنے کا رویہ ہنوز برقرار ہے۔ اس کے باوجود آج کی عورت اپنی Identity برقرار رکھنے کے لیے احتجاج اور مزاحمت کا رویہ اپنا رہی ہے اور وہ تمام خانوں کو توڑ دینے کے لیے کوشاں ہے۔ مردانہ سماج کے غیر مساویانہ سلوک کے خلاف اور اپنی امیج کو برقرار رکھنے کے لیے عورت کے ردعمل کو جدید اردو شاعرات نے اپنی تخلیقات میں بحسن وخوبی جگہ دی ہے۔ آزادی کے بعد جن شاعرات کو اعتبار حاصل ہوا ان کی تخلیقات عورت کی حالت زار کا بیان ہی نہیں بلکہ اس کے ساتھ وہ سماج میں عورت کو اس کا صحیح مقام دلانے اور اس کے تشخص کو برقرار رکھنے کے لیے مستعد نظر آتی ہیں۔ ان شاعرات کے یہاں اپنے وجود کا اثبات کرانے کا رویہ بھی دراصل پدرانہ سماج کے خلاف بھرپور احتجاج اور مزاحمت کا غماز ہے۔

بہن، بیوی اور ماں کے رشتوں/ کی خاطر جینے والی/ تم اپنے لیے بھی تو جیو/ دیکھو کنول کا پھول کیسے عالم/ اور کیسے ماحول میں اپنی انا/ اور اپنے وجود کا اعلان کرتا ہے (جاروب کش۔کشور ناہید)

کشور ناہید اس نظم میں عورت کو اس کے وجود کی شناخت کا احساس کراتی ہیں۔ عام طور سے متوسط گھرانوں میں ایک لڑکی یا عورت، بھائی، شوہر یا باپ کے زیر اثر اپنی خواہشوں اور آرزوؤں کو ترک کر کے جیتی ہے، جہاں اس کی پسند اور چاہت کی کوئی اہمیت نہیں ہوتی اور محض گھر کے ان افراد کے تحکم آمیز برتاؤ سے دبی سہمی زندگی گزارنے پر مجبور ہوتی ہے۔ کشور ناہید عورتوں کی حالت زار پر انھیں بہتر زندگی جینے اور اپنے وجود اور انا کا احساس دلاتی ہوئی نظر آتی ہیں۔

گھاس بھی مجھ جیسی ہے/ ذرا سر اٹھانے کے قابل ہو/ تو کاٹنے والی شین/ اسے مخمل بنانے کا سودا لیے/ ہموار کرتی رہتی ہے/ عورت کو بھی ہموار کرنے کے لیے/ تم کیسے کیسے جتن کرتے ہو/ نہ زمین کی نمو کی خواہش مرتی ہے/ نہ عورت کی (گھاس تو مجھ جیسی ہے۔کشور ناہید)

اس نظم میں ایک عورت کے اندر اپنے وجود کے احساس کا جذبہ نمایاں ہے وہیں دوسری طرف کشور ناہید عورت کو زمین سے مماثل قرار دیتے ہوئے دونوں میں زندگی اور نمو اور وجود کا احساس کراتی ہیں۔ کیوں کہ ہر دور میں مردانہ مزاج کے جبر کے تحت عورتوں کو دبایا جاتا رہا ہے مگر اس کے باوجود وہ اپنی ذات کی شناخت کے لیے مسلسل اصرار کرتی نظر آتی ہے۔

تمھاری طرح میں بھی چاہتوں اور نفرتوں سے...... روز ملتی ہوں/ تمھاری طرح ایک انسان میں بھی ہوں/ (تمھاری پالتو بلی نہیں میں/ جسے تم اپنے بستر میں سلا کر/ اس کی خرخر سے بہت محظوظ ہوتے ہو)/ تمھاری

طرح مجھ کو بھی خدا نے...... اک وجود اپنا دیا ہے/ کسی کمتر خدا کی خلق کردہ کیوں سمجھتے ہو/ تمھارا جو خدا ہے وہی میرا بھی خدا ہے/ تمھاری وضع کردہ زندگی جیتی رہوں میں/ یہ تم کیوں چاہتے ہو؟/ مجھے محفوظ رکھنے کا بہانا مت تراشو...... شکریہ/ تمھاری طرح اپنی زندگی میں آپ جینا چاہتی ہوں/ مجھے جینے کا حق اتنا ہے...... جتنا تمھیں ہے (بلقیس ظفیر الحسن)

میں وعدوں کی زنجیروں میں اپنی زندگی کی پہلی/ صبح سے بندھی ہوئی ہوں/ اس کا سرا کس کے ہاتھ میں ہے/ میرے ہاتھ کھول دیے جائیں/ تو میں اس دنیا کی دیواروں کو اپنے خوابوں/ کی لکیروں سے سیاہ کر دوں/ اور آسمان کی چھت گرادوں/ قہر کی بارش برساؤں/ اور اس دنیا کو اپنی ہتھیلی پر بٹھا کر مسل دوں (مری زنجیر کھول دی جائے ۔عذرا عباس)

کہو/ تم کو انکار ہے/ مٹی کی طرح/ ہر لمحہ روندے جانے سے/ کٹنے سے فصلوں کی طرح/ انکار ہے آدم کی کھیتی بننے سے/ میسر بوند بھر راحت/ نہ اک مٹھی رفاقت ہے/ نہ اک چٹکی محبت ہی بپے فرط عنایت ہے/ یہ کیسی چھت ہے/ جس کے نیچے ہر دم آگ جلتی ہے (تقیہ ۔شہناز نبی)

یہاں پہنچ کر اپنی ذات اور وجود کے لیے عورت کے اصرار میں خود اعتمادی پیدا ہو گئی ہے اور اس اعتماد کے سہارے عورت اپنی زندگی کو مرد کی طرح آزاد ہو کر جینا چاہتی ہے اور اپنے حق کے لیے آواز بلند کرتی ہے۔ چاہے اس کے لیے اسے جارحانہ رویہ اپنانا پڑے، وہ اپنا حق حاصل کرنے کے لیے ہر شدت کو اختیار کرنے کا حوصلہ بھی رکھتی ہے۔

جدید شاعرات کے یہاں اپنی ذات کا تصور اور وجود کے احساس کو سمجھنے اور اس پر اظہار خیال کرنے کی وجہ بیان کرتے ہوئے ناصر عباس نیر رقم طراز ہیں:

''احتجاج، مزاحمت اور بغاوت کے مضمون کو زیادہ تر شاعرات نے پیش کیا ہے کہ ان کے لیے یہ مضمون شاعرانہ نہیں، حقیقی مسئلہ ہے جو ان کے نسائی وجود کو صدیوں سے لاحق ہے، چنانچہ انھوں نے اپنی شاعری میں یہ مضمون پیش کر کے گویا خود کو لکھا ہے۔''

گفتگو کو آگے بڑھاتے ہوئے لکھتے ہیں:

''جدید نسائی امیج کے اظہار کی دوسری صورت وہ ہے جہاں عورت خود اظہار کرتی ہے وہ سماجی تصورات پر سوال قائم کرتی ہے۔ ایک آزادانا کے طور پر سماجی نظام کا مطالعہ کرتی اور اس کی کجیوں کو منظر عام پر لاتی ہے۔ ہر چند عورت یہاں بھی احتجاج کرتی ہے مگر احتجاج کی طرز غیر شخصی ہے۔ پہلی صورت میں احتجاج کی صورت شخصی اور صنفی ہے۔ وہاں جینڈر مسئلہ ہے مگر یہاں وہ انسانی وجود کے طور پر سماج سے مکالمہ کرتی ہے۔''8؂

زنا بالجبر جیسے انسانیت سوز عمل کے خلاف بھی شاعرات نے خامہ فرسائی کی ہے۔ گھر سے لے کر بازاروں تک ہر جگہ عورت کے غیر محفوظ ہونے کے کرب اور مردوں کے وحشیانہ رویے اور ہوس کا شکار بننے والی

نسائی مزاحمت

عورت کے غموں کا اظہار شاعرات کے یہاں ملتا ہے۔اس ضمن میں عذرا عباس کی نظم 'ایک نظم' ہے۔اس کے علاوہ نسیم سید کی نظم 'کچی بستی' اور 'آدھی گواہی' اہم نظمیں ہیں، جن میں عورت کی عصمت دری کے متعلق کرب آمیز لب و لہجہ اختیار کیا گیا ہے۔ان نظموں میں بیان ہوئے حقائق سے پتہ چلتا ہے کہ گھر سے لے کر سماج اور عدلیہ تک عورت انصاف کے لیے پریشان ہے لیکن جب اسے انصاف نہیں ملتا تو یہ غیر مساویانہ اور یک طرفہ رویہ بھی احتجاج اور مزاحمت کی وجہ بنتا ہے۔نظم 'آدھی گواہی' کا یہ حصہ ملاحظہ کریں۔

عظیم منصف/ ہماری قسمت کی ہر عدالت کا فیصلہ ہے/ کہ ہم/ جب اپنے بدن کی بے حرمتی کی فریاد لے کے جائیں/ تو اپنا کوئی گواہ لائیں/ گواہ..........ایسی گھڑی کا/ جب وحشتوں سے وحشت پناہ مانگے/ گواہ.......... ایسے گناہ کا/ جس کے تذکرے سے گناہ کانپے/ عظیم منصف/ ہمیں کوئی ایسا معجزہ دے/ کہ گونگی اندھی سیاہ شب کو گواہیوں کا ہنر سکھا دیں/ بصیر ہے تو...... خبیر ہے تو/ تجھے خبر ہے/ کہ آج تک موت کے علاوہ کوئی نہ اپنا گواہ پایا/ ہمیں پہ ٹوٹی قیامتیں بھی/ ہمیں نے ذلت کا بار اٹھایا (آدھی گواہی۔نسیم سید)

نسیم سید کی اس نظم میں جہاں عورتوں پر ہونے والی زیادتی کا احساس ہے، وہیں انصاف کے لیے اس بدترین عمل کا گواہ مانگے جانے پر عدلیہ کا چہرہ اور انصاف کی کارکردگی کو بھی طنز کا نشانہ بنایا گیا ہے۔خدا سے خطاب کرتے ہوئے جب یہ نظم التجائی گفتگو میں آگے بڑھتی ہے تو اس میں طنز کے نشتر تیز تر ہوتے چلے جاتے ہیں۔ ساتھ ہی یہاں شاعرہ نے خدا کے منصف ہونے سے متعلق بعض سوالات قائم کیے ہیں۔خدا کے وجود اور اس کے قادر المطلق ہونے پر تشکیک کا انداز جدید شاعری میں پروان چڑھا ہے جس کی اہم وجہ ظلم وتشدد کی فضا میں انسان کے وجود کی بے وقعتی اور لایعنیت کا پیدا ہونا ہے اور نتیجتاً انسان نے ہر چیز کو شک وشبے کی نگاہ سے دیکھا۔نسیم سید کا خدا سے سوال کرنا اسی بے مائیگی اور بے معنی ہونے کی وجہ سے ہے۔ناموافق حالات کے ردعمل کے طور پر جدید شاعرات نے جو اظہار خیال کیا ہے، اس کی نوعیت مختلف ہے۔اس بارے میں پروفیسر عتیق اللہ رقم طراز ہیں کہ:

''جدید شاعرات کے یہاں اس صورت حال کا ردعمل تو یکساں ہے مگر اظہار کے پیرایوں اور شدتوں میں امتیاز کی شکلیں مختلف ہیں۔بعض شاعرات کی آواز بے حد بلند ہے اور انھوں نے پوری قوت کے ساتھ اپنے لحن کو پر پرواز عطا کی ہے۔''9۔

حواشی:

1: فیمینزم تاریخ وتنقید، شہناز نبی، رہروان ادب پبلی کیشنز کلکتہ 2012، ص 17

2: تانیثی تنقید اور اس کا تناظر، بیسویں صدی میں خواتین کا ادب، موڈرن پبلی کیشنز، دہلی، عتیق اللہ، ص 437

3: تانیثی ادب کی شناخت اور تعین قدر، ابوالکلام قاسمی، شاعری کی تنقید، ایجوکیشنل بک ہاؤس علی گڑھ 2001،ص 274

4: تانیثیت ایک تنقیدی تھیوری، اصول تنقید اور رد عمل، سید محمد عقیل، انجمن تہذیب نو پبلی کیشنز الہ آباد 2004،ص 55

5: بیسویں صدی میں خواتین کا اردو ادب، عتیق اللہ، موڈرن پبلی کیشنز دہلی 2002،ص 87

6: میری نظمیں، فہمیدہ ریاض، ص 14-15

7: مزاحمت اور پاکستانی اردو شاعری، ڈاکٹر آغا ظفر حسین، ایجوکیشنل پبلشنگ ہاؤس، دہلی 2006،ص 307

8: تانیثیت اور جدید اردو نظم □ ناصر عباس نیر، سہ ماہی مباحثہ وہاب اشرفی، جنوری تا مارچ 2007،ص 54

9: خواتین کی نظموں میں فکر کے اسالیب، عتیق اللہ، بیسویں صدی میں خواتین کا اردو ادب، موڈرن پبلی کیشنز دہلی 2002،ص 170

[بشکریہ، قومی کونسل برائے فروغ اردو بلاگ، 3 فروری 2023]

تا(**W*: نظریات، مغربی تناظرات

محمد حسین

تانیثیت کی خشت اول کا سراغ مغرب میں ملتا ہے اس لیے تانیثیت کے تصور اور فلسفے کے مبادیات سمجھنے کے لیے مغربی حوالوں کو کھنگالنا ہوگا۔ تبھی اس کی اصل اور ابتدا کے ساتھ اس کے ارتقائی سفر سے واقفیت ہوگی۔ حقوق نسواں پر مبنی ایک سیاسی اور معاشی 'رجحان' نے بعد میں 'تانیثیت' کی تحریک کی شکل اختیار کر لی۔ گزرتے وقت کے ساتھ اس تحریک میں اتنی وسعت آ گئی کہ اس نے تمام شعبۂ حیات میں عورت کے مقام و مرتبہ کی بازیافت کرنا شروع کر دیا۔ سماج میں موجود صنفی تفریق پر مبنی قدیم مسلمات اور روایات پر سوالیہ نشان قائم کیا۔ عورت کے تعلق سے سماج کے دوہرے رویے کو موضوع بنایا۔ عورت کی تلاشِ ذات سے اظہار ذات تک کے سفر کو تانیثی تحریک نے ایک جہت عطا کی۔

تانیثیت نے اتنے مسائل اور اتنی جہات کو اپنے اندر جذب کر لیا ہے کہ اس کی ایک جامع تعریف کرنا بھی مشکل ہے۔ *Feminist Frameworks: Building Theory Against Violence on Women* کی مرتبہ لیزا ایس پرائس (Lisa S. Price) فیمنزم کی تعریف کرتے ہوئے لکھتی ہیں۔

> Feminism is also a method of analysis,a standpoint,a way of looking at the world from the Prospective of Women.It Questions govenrment Policies ,Popular culture,ways of doing and being,and asks how women's lives are affected by these ideological and institutional practices.
>
> (Feminism: P:1,Arpita Mukhopadhyay,Orient Blackswan 2016)

فیمنزم، تجزیہ کا طریقہ کار ہے، ایک نظریہ ہے اور دنیا کو عورت کی نظر سے دیکھنے کا طریقہ ہے۔ فیمنزم حکومتی پالیسی، مقبول عام ثقافت، عمل اور وجود کے حوالے سے سوالات قائم کرتی ہے۔ ان نظریات اور ادارہ جاتی اعمال کے باعث عورت کی زندگی پر کیا اثر ہوتا ہے اس سے بھی بحث کرتی ہے۔''

فیمنزم (Feminisim) کا لفظی اطلاق و استعمال پہلی دفعہ ۱۸۷۱ میں میڈیکل سائنس میں ہوا تھا ایک مرد مریض کے جسم میں موجود نسائی علامتوں کے بیان کے لیے Feminisation کا لفظ استعمال کیا گیا تھا۔ ۱۸۷۲ میں الیگزینڈر ڈوماس (Alexander Dumas) نے ایک پمفلٹ میں مردانہ خصوصیات کی حامل ایک عورت کے لیے femme I'homme استعمال کیا تھا۔ 1910 کے بعد سے یورپ میں feminism کے لفظ کا چلن ہوا۔ اس اصطلاح پر بحث کرتے ہوئے ارپتا مکھو پادھیائے لکھتی ہیں۔ لفظ Feminism دو اجزا سے مل کر بنا ہے۔ فرانسیسی لفظ Femme جس کے معنی عورت کے ہیں اور esme جو کہ سماجی تحریک یا سیاسی نظریے پر دلالت کرتا ہے۔

تاریخی اعتبار سے فیمنزم کے بدلتے رجحانات اور تحریکات کی درجہ بندی کے لیے ماہرین نے اسے تین ادوار میں تقسیم کیا ہے۔

پہلا دور: انیسوی صدی اور بیسوی صدی کے اوائل (اس دور میں خواتین مردوں کے مساوی حقوق کے لیے برسر احتجاج رہیں۔ دوسرے لفظوں میں یہ کہہ سکتے ہیں کہ اس عہد کی تحریک بس نسائی تحریک تھی جس میں قانونی اور سیاسی حقوق کے لیے عورتوں نے مزاحمت کی۔)

دوسرا دور: ۱۹۶۰ سے ۱۹۷۰ تک (اس دور میں عورتوں نے ملازمت کرنے، گھر میں اپنے رول کے تعین، اور جنسیت کے علاوہ سیاسی حقوق کی لیے جدوجہد کی۔)

تیسرا دور: ۱۹۹۰ سے اکیسویں صدی کے اوائل تک

اب اکیسویں صدی کے دوسرے دہے میں نسائی حقوق کے لیے جس قدر آگہی عام ہو رہی ہے اور سوشل میڈیا کے علاوہ مختلف سرگرمیوں سے حقوق نسواں کے لیے بیداری پائی جاتی ہے اسے چوتھے دور کا آغاز مانا جا سکتا ہے۔ ۱۶ دسمبر ۲۰۱۲ کو دہلی میں ایک وحشیانہ عصمت دری کے واقعے کے بعد فیس بک، ٹویٹر، انسٹا گرام، ٹمبلر جیسے سوشل میڈیا پلیٹ فارم سے عورتوں کے ساتھ جنسی تشدد اور جنسی استحصال کے خلاف آواز بلند کرنے اور حقوق نسواں کی بحالی کے لیے مہم کے آغاز کو تانیثیت کا چوتھا دور کہا جا سکتا ہے۔

مغرب میں تانیثیت کی تحریک کیسے وجود میں آئی اس کے لیے فرانس اور انقلاب فرانس کے بعد کی کچھ سرگرمیوں کا ذکر ضروری ہے۔ ۱۷۹۱ میں فرانس کی قومی اسمبلی میں چارلس موریس نے صنفی بھید بھاو پر مبنی ایک تعلیمی خاکہ پیش کیا تھا۔ جس میں عام تعلیم کا حق مردوں کے ساتھ مخصوص کیا گیا اور عورتوں کے لیے فقط گھریلو بنیادی تعلیم کی تجویز رکھی گئی۔ اس کے جواز کی دلیل یہ دی گئی کہ مرد کو دنیا سنبھالنی ہے اس لیے مرد کو اعلیٰ تعلیم کی

ضرورت ہے جب کہ عورت گھر گرہستی سنبھالتی ہے لہذا ان کے لیے گھریلو اور بنیادی تعلیم کافی ہے۔ فرانس میں ہی مقیم ایک برطانوی خاتون میری وال اسٹون کرافٹ نے چارلس موریس کی اس رپورٹ کے رد میں ۱۷۹۲ میں A vindication of the Rights of Women کے عنوان سے ایک پمفلٹ لکھا۔ وال اسٹون کرافٹ نے عورتوں کو تعلیم کا حق دیے جانے کی وکالت کرتے ہوئے کہا ہے کہ عورت اپنے شوہر کی فقط بیوی ہی نہیں بلکہ عورت بھی سماج اور ملک کا لازمی حصہ ہے۔ عورت کو معاشرے کا قیمتی زیور اور شادی میں بیچ دی جانے والی جائداد کی بجائے انسان سمجھنا چاہیے اور بحیثیت انسان ان کے بنیادی حقوق انھیں ملنے چاہئیں۔

میری وال اسٹون کرافٹ کی ایک کتاب *A Vindication of the Rights of Men* بھی ہے جو کہ ایڈمنڈ برک کی ایک تحریر کے جواب میں لکھی گئی ہے اور دوسری کتاب *A Vindication of the Rights of Women* ہے جو چارلس موریس کی رپورٹ کے ردِعمل میں لکھی گئی ہے۔ میں اس وضاحت اور تفصیل پر اس لیے زور دے رہا ہوں کیوں کہ اردو ناقدین نے کئی مضامین میں *A Vindication of the Rights of Women* کو ایڈمنڈ برک کی تحریر کا جواب بتایا ہے اور یہ بھی کہ ایڈمنڈ برک نے *A Vindication of Rights of Men* نام سے کتاب لکھی تھی جب کہ ایڈمنڈ برک کی کتاب کا نام *Reflection on the Revolution in France* ہے۔ ایڈمنڈ برک نے اپنی کتاب میں یہ نظریہ پیش کیا تھا کہ انقلاب درست نہیں اور عام شہریوں کو حقوق حاصل نہیں۔ اس لیے وال اسٹون کرافٹ نے *A Vindication of the Rights of Men* لکھ کر عام شہریوں کے حقوق کی وکالت کی اور انقلاب کو درست ٹھہرایا۔ پروفیسر عتیق اللہ اور پروفیسر انور پاشا کے مضامین میں بھی یہ غلط فہمی نظر آئی (ان دونوں کے مضامین بالترتیب 'بیسویں صدی میں خواتین اردو ادب' اور 'تانیثیت اور ادب' میں شامل ہیں)۔

وال اسٹون کرافٹ کے علاوہ جن لوگوں نے تانیثی تحریک کے لیے بنیاد فراہم کی، ان میں امریکی ادیب مارگریٹ فلر اور جان اسٹورٹ مل کے نام اہمیت کے حامل ہیں۔ انیسویں صدی میں عورتوں کی صورت حال پر بحث قائم کرتے ہوئے امریکی صحافی مارگریٹ فُلر نے *Woman in the Nineteenth Century* لکھی جو پہلی بار ۱۸۴۳ میں شائع ہوئی۔ حقوقِ نسواں کی آواز کی حمایت کسی مرد ادیب/مصنف کی جانب سے پہلی بار ۱۸۶۹ء میں ہوئی، جب جان اسٹورٹ مل کی کتاب *The Subjection of Woman* شائع ہوئی۔ جان اسٹورٹ مل (1806-73) ایک برطانوی فلسفی، مفکر اور ادیب ہیں جنھوں نے انیسویں صدی کے چھٹے عشرے کے دوران برطانیہ میں حقوقِ نسواں کی آواز کی حمایت کی اور مذکورہ کتاب کے ذریعے اس کی فلسفیانہ اساس پر بھی گفتگو کی۔ مل نے سماج میں عورتوں کو مساوی رتبہ دینے کا ترقی پسند نظریہ پیش کیا۔ مل نے ایسے سماجی اور قانونی اصول کی سخت تنقید کی جن سے سماج میں عورتوں کی آزادی پر قدغن لگتی ہے۔ مل نے اپنی تحریروں میں مرد اساس رویے میں تبدیلی لانے کی ضرورت پر زور دیا اور شادی کے ذریعے عورت کو محکوم یا مملوک بنانے کی بجائے انھیں

زندگی کے ہر موڑ پر برابر کا شریک سمجھنے کی وکالت کی۔

۱۸۴۸ میں نیو یارک کے Sceneca falls میں پہلی مرتبہ چند باہمت خواتین اور مردوں نے حقوق نسواں کی بحالی کے لیے باضابطہ ایک میٹینگ کی۔جس میں *Declaration of Rights and Sentiments* کے عنوان سے ایک قرارداد پیش کی گئی۔اس قرارداد میں ایک طاقتور عورت کا تصور پیش کیا گیا جو وال اسٹون کرافٹ کی تحریروں میں ندارد تھی۔قرارداد پر دستخط کرنے والوں نے یہ اعتراف کیا کہ ایک عرصے عورتوں کو مناسب تعلیم سے جان بوجھ کر محروم رکھا گیا جس کے باعث وہ ڈاکٹر اور وکیل جیسے دیگر اہم پیشوں سے سرے سے غائب ہیں۔عورت کو سیاسی اداروں سے بھی باہر رکھا گیا ہے، اسی لیے انھیں ووٹ دینے کا بھی حق حاصل نہیں ہے۔ان دنوں یہ تصور عام تھا کہ سیاست کے لیے ذہانت وفطانت درکار ہے جب کہ عورت قدرتی طور پر ذہانت وفطانت اور دانشوری سے محروم ہیں۔

انیسویں صدی کے امریکہ میں غلامی کی روایت کے خاتمے کے لیے Abolitionist Movement بھی عروج پر تھی ،اس لیے حقوق نسواں کی جد وجہد کرنے والوں کو Abolitionist Movement سے بھی تقویت ملی۔کیوں کہ مردوں کے جبر، شوہر اور والد کی جانب سے عورتوں پر عائد پابندیوں کو غلامانہ زندگی کے مشابہہ ہی سمجھا جاتا تھا۔

امریکہ میں لوسی اسٹون (Lucy Stone) الزابیتھ کیڈی اسٹنٹون (Elizabeth cady stanton) اور سوزین بی (BSusan.) وغیرہ انیسوی صدی میں حقوق نسواں کی نمایاں علمبردار خواتین ہیں۔ 1869 میں لوسی اسٹونٹن نے جولیاوارڈ ہو (Julia ward howe) اور جوسفن رفین (Josephine Ruffin) کے ساتھ مل کر بوسٹن میں American Woman Sufferage Association کی بنیاد رکھی۔لوسی نے ۲۰ سالوں تک ایک ہفت روزہ تانیثی رسالے کی ادارت بھی کی۔الزابیتھ کیڈی اسٹنٹون ایک سرگرم Activist تھی جو غلامی کے خاتمے کے ساتھ حقوق نسواں کے لیے بھی برابر کی جہد وجہد کرتی رہی۔ الزبیتھ نے مادریت کو عورت کی ایک عظیم ذمے داری مانا لیکن مادریت کی ذمے داری میں عورت کو مقید اور محدود کرنے کے سماجی رویے پر اعتراض کیا۔1848 میں عورتوں کو حق رائے دہی سے محروم کیے جانے کے خلاف ایک احتجاج اور مزاحمت کی قرارداد Decalaration of Sentiments تیار کرنے میں بھی الزابتھ کا اہم کردار تھا۔الزابتھ نے چرچ کے ذریعے عائد کیے گئے ان سماجی اور مذہبی رسوم ورواج کا بھی انکشاف کیا جو خاص طور سے عورتوں کے ساتھ جانب داری پر مبنی تھے۔اسٹونٹن نے محسوس کیا کہ عورتوں کو مساوی حقوق اور سماجی توقیر سے محروم کیے جانے کی ایک وجہ چرچ کے ذریعے بائبل کی تعصب پر مبنی تشریح وتفسیر بھی ہے؛ اس لیے اسٹونٹن نے 21 خواتین کی ایک ٹیم تشکیل کی اور ان کے ساتھ بائبل کی تفسیر وتشریح پر نظر ثانی کر کے دو جلدوں میں 'خواتین کا بائبل' (Woman's Bible) شائع کیا جس میں بائبل کے وہ متون ہیں جو عورتوں سے متعلق ہیں یا عورتوں

سے متعلق احکامات پر مبنی ہیں اس کے ساتھ ہی اس کی تفسیر بھی شامل کی گئی۔ اسٹونٹن نے خواتین کا بائبل مرتب کر کے یہ باور کرانے کی کوشش کی کہ مذہبی کتب میں عورتوں کو ان کے حقوق سے محروم نہیں کیا گیا ہے بلکہ بائبل کی غلط تشریحات کے ذریعے چرچ نے عورتوں کو محروم کرنے کی کوشش کی ہے۔

ورجینا وولف:

تانیثیت کی ادبی نظریہ سازی میں ورجینا وولف کا نام ایک رہنما کے طور پر تسلیم کیا جاتا ہے۔ پہلی عالمی جنگ کے بعد دنیا بھر میں سیاسی، معاشی، سماجی تبدیلیاں رونما ہونے لگی تھیں۔ برطانیہ بھی ان تبدیلیوں کا گہوارہ تھا۔ ہشت پہلو تبدیلیوں کی اس لہر میں 'عورت'' کا مسئلہ بھی زیر بحث آیا۔ ورجینا وولف کے مکمل ادبی کارناموں میں اس عبوری دور کی عکاسی نظر آتی ہے۔ وولف کی دو کتابوں *A Room of One's Own* (1929) اور Three Guineas1(1938) نے 1960 نے بعد کے تانیثی مفکرین اور ادبا کو بھی بہت متاثر کیا ہے۔ وولف نے سماجی، سیاسی، معاشی اور ادبی یعنی ہر شعبۂ حیات میں عورت اور مرد کے درمیان تفاوت اور تفریق پر مبنی فکر ورجحان کو سرایت کرتے ہوئے پایا۔ یہ صورت حال وولف سے پہلے اور بعد میں بھی قائم رہی۔ وولف نے واضح کیا کہ گھریلو زندگی میں بیویوں اور بیٹیوں پر شوہروں اور والدوں کے تسلط سے لے کر عوامی زندگی میں تجارت، قانون، تعلیم اور مذہبی معاملات میں بھی عورتوں کو مردوں کی محکومی اور تابعداری تفویض کی گئی ہے۔ اسی طرح سامراجیت، نوآبادیت اور فاشزم جیسے نظریاتی مباحث میں بھی عورت کا مقام مردوں سے ایک زینہ نیچے ہی ہے۔ عورتوں کو احساس کمتری میں مبتلا کرنے کے پیچھے کارفرما سب سے طاقت ور علّت مرد مرکوزیت (Patriarchy) ہے۔ وولف کا خیال ہے کہ طاقت وقوت کے عدم توازن اور مردوں کی حاکمیت وتسلط کا یہ نظام ادب میں بھی اپنی جگہ بنائے ہوئے ہے۔ وولف نے مردوں کے ادب کا گہرائی سے جائزہ لیا تو پایا کہ مردوں کے ادب میں عورت کی نمائندگی کم سے کم ہے اور جتنی نمائندگی دی گئی ہے اس میں بھی عورت کے کردار کو فعّالیت سے بھی محروم دکھایا گیا ہے۔ مرد ادیبوں کے اس رویے پر احتجاج جتانے کے لیے لیے وولف نے شیکسپیئر کی بہن (Judith Shakespeare) کا خیالی کردار وضع کر کے دنیا کو یہ باور کرانے کی کوشش کی کہ قدرت نے شیکسپیئر کو اس کی بہن تحفے میں دی تھی لیکن عورت ہونے کی وجہ سے اس کی تخلیقی صلاحیتوں پر کسی نے توجہ نہیں دی۔ نسائی چہرہ اور نسائی جسم نے اسے ادیب بننے نہیں دیا۔ وولف نے Androgyny کا بھی فلسفہ پیش کیا۔ Androgyny یونانی لفظ ہے جو دو لفظوں کا مرکب ہے Andro یعنی مرد اور gyne یعنی عورت، مطلب یہ کہ ایسا فرد جس کے اندر مردانگی اور نسوانی دونوں خصوصیات موجود ہوں۔ وولف نے اس نظریے سے اس بات کی طرف اشارہ کیا ہے کہ انسانی کلیت کی مکمل نمائندگی تبھی ہوگی جب لکھنے والا، مرد اور عورت دونوں کی سوچ وفکر کا

جامع ہو۔ وولف نے جنسی ثنویت کے نظریے کو خارج کرتے ہوئے کہا ہے کہ مرد اور عورت کی تخلیق میں جسمانی تفاوت ضرور ہے لیکن ذہن و دانش کا جہاں تک معاملہ ہے اس میں کوئی تفاوت فطری اور پیدائشی نہیں ہے۔

ورجینا وولف کی کتاب *A Room of One's own* تانیثی ادب کی تاریخ میں سنگ میل کی حیثیت رکھتی ہے۔ یہ کتاب صنف، جنس اور تانیثی تنقید کی ایک بنیادی متن سمجھی جاتی ہے۔ ورجینا وولف نے کیمبرج یونی ورسٹی میں عورتوں کو لیکچرز دیے تھے یہ کتاب انھیں لیکچرز کا مجموعہ ہے۔ وولف نے اس کتاب میں اس بات پر زور دیا ہے کہ اگر کوئی عورت مصنف اور ادیب بننا چاہتی ہے تو اسے خود کفیل ہونا پڑے گا اور اسے ایک علاحدہ رہائش بھی حاصل کرنی ہوگی تبھی وہ آزادانہ کچھ لکھ سکے گی۔

Three Genieas میں ورجینا وولف نے عورتوں کو بالخصوص تعلیم یافتہ عورتوں کی بیٹیوں کو ہدایت دی ہے کہ ایک ایسے سماج کی تعمیر وتشکیل کریں جس سے 'مرد مرکوزیت' کے ڈسکورس کو چیلنج کیا جا سکے۔ وولف نے اس کتاب میں ایسے احکام اور فتوؤں کی سخت مخالفت کی ہے جن کے باعث خاتون ادیبوں کو ادب کی شریعت سے باہر کر دیا جاتا ہے۔ وولف نے خاتون ادیبوں کی تخلیقات اور تصنیفات کی اہمیت اور قدر شناسی کے لیے خاتون ادیبوں کے گم شدہ متون کی تلاش اور اس کی تفہیم کے ساتھ تجزیے پر بھی زور دیا ہے۔

Radical Feminism

فرانس میں عورتوں کو ووٹ کا حق 1944 میں حاصل ہوا۔ اس واقعے کے پانچ سال بعد 1949 میں فرانسیسی مصنفہ سیمون دی بوائر (Simon de Beauvoir) کی کتاب *The Second Sex* شائع ہوئی۔ سیمون دی بوائر ایک مفکرہ تھی اور فلسفۂ وجودیت کے بانی سارتر کی بیوی تھی۔ اس کتاب نے سماج میں عورتوں کے رتبے پر نظر ثانی کی تحریک دی۔ کتاب کے معرض تصنیف میں آنے کے پیچھے عورتوں کے ساتھ ہونے والی نابرابری اور جبر و استحصال کی صورت حال ہے۔ عورتیں محض بچوں کی پرورش اور گھر داری میں مجبور ومحبوس اور Gender Stereotype میں پھنسی ہوئی تھیں۔ انہیں معاشی، سیاسی اور جنسی خود مختاری سے محروم رکھا گیا تھا اور محنت مزدوری کے کام میں بھی ان کے ساتھ بھید بھاؤ ہوتا تھا۔ ان تمام پہلوؤں کو نظر میں رکھتے ہوئے سیمون دی بوائر نے فلسفہ وجودیت اور تاریخ کے مارکسی تجزیے کے نقطۂ نظر سے مختلف تنازعات اور مباحث پر گفتگو کی ہے۔

سیمون دی بوائر نے *The Second Sex* میں دو نکتے سے بحث کی ہے۔

ا۔ عورت کو ہمیشہ 'غیر' کے زمرے میں محدود رکھا گیا۔

۲۔ نسائیت مردوں کا گڑھا ہوا تصور ہے۔

سیمون دی بوائر کا خیال ہے کہ مرد مرکوز سماج میں نسائیت ہمیشہ سے 'غیریت' کے پردے میں مستور

رہی ہے۔ کیوں کہ عوامی زندگی پر اکثر مردوں کی بالا دستی رہی۔ مشہور زمانہ مقولہ 'عورت پیدا نہیں ہوتی بلکہ بنا دی جاتی ہے' (a woman, Becoms,One is not Born,but rather) سیمون دی بوائر کی مذکورہ کتاب میں ہی ہے۔ سیمون دی بوائر کی کتاب اصلاً فرانسیسی زبان میں لکھی گئی تھی جسے بعد میں دنیا کی متعدد زبانوں میں ترجمہ کیا گیا۔ اردو میں کشور ناہید نے 'عورت مرد کا رشتہ' کے نام سے ترجمہ کیا ہے دوسرا ترجمہ یاسر جواد نے 'عورت' کے نام سے ہی کیا ہے جو فکشن ہاؤس لاہور سے ۲۰۱۳ میں شائع ہوئی ہے۔

Radical Femisim

Radical لاطینی زبان کا لفظ ہے جس کے معنی Root یعنی بنیاد کے ہیں اور چوں کہ Radical Feminist سماج میں موجود مسائل کو اس کی جڑ اور بنیاد سے اکھاڑنے میں یقین رکھتی ہے اس لیے ان معنوں میں یہ طبقہ اناث خود کو بنیاد پرست کہلاتا ہے۔ یہ تانیثیت کی دوسری لہر ہے۔ اس نظریے کے حاملین کا ماننا ہے کہ عورتوں کے ساتھ جبر کی وجہ مرد بالا دستی اور مرد مرکوزیت کا عقیدہ ہے۔ جبر کا یہ عمل کئی سطحوں پر رائج ہے۔ مثلاً عورت کی جنسیت پر پہرے بٹھانا، لازمی اور جبری طور پر عورت کو ماں بنانا، قدامت پسند نظریہ مباشرت (Noramative heterosexuality) پر اصرار کرنا وغیرہ۔

بنیاد پرستانہ تانیثیت صنفی خطوط پر سماج کی تشکیل نو کے اصرار کے باعث لبرل اور مارکسی تانیثیت سے جداگانہ ہے۔ بنیاد پرست تانیثیت کے قائلین کا ماننا ہے کہ زچگی، محبت، شادی، جنسی عمل، اور گھریلو کام کاج کو بڑی ہوشیاری سے معمولات زندگی میں شمار کر لیا گیا ہے۔

تانیثیت کی دوسری لہر کی مفکرین میں ایک ناقابل فراموش نام کیٹ ملیٹ (Kate Millet) کا ہے۔ کیٹ ملیٹ کے مطابق صنفی عدم مساوات کی جڑیں مذہب، سماج، سیاست اور معاشیات میں اس قدر پختہ ہیں کہ وہ 'داخلی نو آبادیت' کو جنم دیتی ہیں جس کے باعث طاقت کے استعمال واختیار میں عدم توازن کی راہیں ہموار ہوتی جاتی ہیں۔ کیٹ ملیٹ نے خیال ظاہر کیا ہے کہ عورت اور مرد کے درمیان طاقت کا رشتہ غالب ومغلوب، حاکم ومحکوم کے طرز پر استوار ہو چکا ہے۔ کیٹ ملیٹ نے یہ بھی وضاحت کی ہے کہ تذکیری تحریریں یعنی مرد مصنفین کی تحریریں، مردوں کی مخصوص زبان Male Stereotype پر مبنی ہیں۔ کیٹ ملیٹ نے مرد مصنفین کی تحریروں میں زن منافرت (Misogynism) کے مواد کی بھی نقاب کشائی کی ہے۔ اس ضمن میں کیٹ نے سگمنڈ فرائڈ، ڈی ایچ لارنس، ہینری ملر، نورمین میلر جین زینٹ وغیرہ کی تحریروں میں عورت کی منفی تصویر کشی کی مثالیں بھی پیش کی ہیں۔ کیٹ نے عورت کو احساس کمتری میں مبتلا کرنے کا ذمے دار فرائڈ جیسے ماہر نفسیات کو بھی قرار دیا ہے۔ Androgyny کے تعلق سے کیٹ کا نظریہ روایتی نظریوں سے مختلف ہے؛ وہ صرف مردانگی اور نسوانیت کی خصوصیات (مثلاً انا پسندی اور خود سپردگی) کے اجتماع کو Androgyny نہیں کہتی ہیں بلکہ ان کا

خیال ہے کہ نظریات اور پسندیدگی کا اجتماع دراصل androgyny ہے۔

Gynocriticism

تانیثیت کی تھیوریز کے مطالعات کے دوران Gynocritism کی اصطلاح بھی نظر آتی ہے۔ Gynocriticism دراصل Androcentrism کی ضد ہے ۔کیوں کہ Androcentrism 1 میں مردمرکوز زاویہ نظر کو اہمیت حاصل ہے اور Gynocritism میں نسوانی زاویہ نگاہ کی اہمیت ہے۔Gynocriticism کی اصطلاح ایلین شوالٹر نے ۱۹۸۲ میں وضع کی۔خواتین کی تحریروں پراس اصطلاح کا اطلاق کیا جاتا ہے۔تاریخ،اسلوب،موضوعات،اصناف اور ساختیات کے تانیثی سروکار،نسائی تخلیقات کی نفسی حرکیات،عورت کی انفرادی اور اجتماعی روش و رفتار اور نسائی ادبی روایت کی شعریات و اختصاص Gynocriticism کے تحت آتے ہیں۔ارپتا مکھو پادھیائے لکھتی ہیں:

"Gynocriticism is the branch of feminist criticism that focuses on woman's art,with the aim of developing a'woman's Poetics"(p;46)

۱۹۸۳ میں لارنس کپلنگ نے ایک کتاب *Abandoned Women and poetic tradition* کے نام سے لکھی جس میں نسائی ادبی روایت کے تجزیے پر زور دیا گیا ہے۔ورجینا وولف نے شیکسپیئر کی بہن کے کردار کا اختراع کیا تھا اسی طرز پر لارنس نے ارسطو کی بہن Arimneste کا کردار مخترع کر کے نسائی ادب پر توجہ دلانے کی کوشش کی۔کپلنگ نے کہا ہے کہ عورتوں کے ثقافتی اور سماجی تعامل سے نسائی علمیات اور جمالیات کی تشخیص اور تشکیل ممکن ہے۔

Post Modern Feminism

مابعد جدید تانیثیت:

مابعد جدید تانیثیت مائکل فوکاٹ،جیکس دریدا،جیکس میری ایملی لکن،اور سیمون دی بوائر کے نظریات پر مبنی ہے۔مابعد جدید تانیثیت نے تشخص اور وجود کی ہمہ جہتی،تنوع اور تکثیریت پر زور دیا ہے ۔قدامت پرست تانیثیت کا سارا زور صنفی تفریق کے اردگرد گھومتا ہے اور لبرل تانیثیت 'مساوات کی تلاش' پر زور دیتی ہے لیکن مابعد جدید تانیثیت ان دونوں نظریات سے ہٹ کر یہ ظاہر کرنے کی کوشش کرتی ہے کہ تفریق کی اندرونی اور داخلی صورت حال کو مذکورہ دونوں تصورات نے نظر انداز کیا ہے۔اس لیے مابعد جدید تانیثیت داخلی تفریق پر خصوصی توجہ مبذول کرتی ہے۔عورت اپنی صنف یعنی عورت کے درمیان بھی مختلف سطحوں پر بھید بھاؤ کی شکار ہے۔اس جانب توجہ مبذول کرنا بھی بے حد ضروری ہے۔

فرانسیسی تانیثیت

تانیثیت کی تحریک نے سب سے زیادہ مقبولیت فرانس میں حاصل کی اس لیے تانیثیت کے مختلف رنگ وروپ ہمیں فرانس میں دیکھنے کو ملتے ہیں۔ دوسری اہم بات یہ ہے کہ انیسویں صدی اور بیسویں صدی کے اوائل میں فرانس میں ادبا و مفکرین، دانشور اور فلسفیوں کی بھی ایک بڑی تعداد تھی۔ اس لیے ادب، فلسفہ اور نظریات کی بھی ریل پیل تھی۔ دنیائے ادب و فلسفہ کو 'پس ساختیات' اور 'ردتشکیل' کا نظریہ دینے والے جیکس دریدا جیسے فلسفی نے بھی فرانس میں ہی آنکھیں کھولیں۔ دریدا کے فلسفلے نے تانیثیت کی تھیوری وضع کرنے والوں کو بھی متاثر کیا جن میں فرانس کی متعدد ادیبہ شامل ہیں مثلاً لوسی اری گیرے (Luce Irigaray) جوڈتھ بٹلر (Judith Butler) اور گایتری چکرورتی وغیرہ۔

فرانسیسی تانیثیت پسند گروپ مثلاً جولیا کرسٹوا، ہیلین کسکاؤس، اور لوسی اری گیرے وغیرہ نے نسوانیت کے مطالعے کے دوران متعدد فلسفیانہ نظریات اور تحلیل نفسی کے نقطہ نظر پر بھی غور کیا۔ ان کے مطالعات کو 1979 کے بعد شہرت ملی جب *New French Feminism* کی کتاب منظر عام پر آئی۔ جس میں ان خواتین نے جنس، صنف، جمالیات، عورت کی نمائندگی، تشخص، معروضیت وغیرہ کے زمرہ جات پر نظر ثانی کی اور اس کی رد تشکیل کی۔ فرانسیسی تانیثی تحریک گزاروں نے نسوانیت کے ساتھ مخصوص کردیے گئے عیوب اور منفی خصوصیات کو توڑنے کا کام کیا۔ مثلاً ہسٹریا وغیرہ کو عورت کی خاصیت بتا کر اسے کمتر سمجھا جاتا تھا۔ دریدا نے Phallogocentrism کا نظریہ وضع کیا تھا۔ جس کے تحت وہ Phallo یعنی عورتوں پر مردانہ تفوق اور برتری کا قائل تھا۔ فرانسیسی تانیثی تحریک گزاروں نے دریدا کے اس نظریے کو چیلنج کیا۔

جسمانی و عضویاتی خصوصیات کو اینگلو امریکی تانیثیت میں حیاتیاتی لزومیت کا شاخسانہ تسلیم کیا جاتا ہے جس کے باعث عورت کی بااختیاری کا فلسفہ مجروح نظر آتا ہے۔ یعنی جب جسمانی اور عضویاتی اعتبار سے عورت کی کمزوری کو حیاتیاتی لزومیت کا نتیجہ مان لیا جائے تو ظاہر ہے کہ مردوں کے مقابلے میں عورت کے اختیار کو کمتر ہی ماننا ہوگا۔ جولیا کرسٹوا اس نظریے کی سخت مخالفت کرتی ہیں۔

فرانسیسی تانیثیت پسند مصنفین گروپ میں ایک اہم نام لوسی ایری گیرے کا بھی ہے۔ لوسی نے تانیثیت کی فلسفیانہ اساس پر نظر ثانی کی ہے۔ انہوں نے تحلیل نفسی اور لسانیات دونوں نقطہ نظر سے تانیثیت کے فلسفے پر گہری نظر ڈالی ہے۔ ایری گیرے اپنے مطالعے سے اس نتیجے پر پہنچی ہیں کہ انہوں نے افلاطون سے فرائڈ تک کے فلسفیوں پر الزام عائد کیا ہے کہ ان سب نے عورت کو فعال کردار سے محروم کیا ہے۔ مادریت تو روایتی طور پر عورت سے وابستہ ہے، فکر و دانش کے فقدان کو بھی عورت کے ساتھ وابستہ کردیا گیا۔ اس کے برعکس مردوں کو ثقافتی تاریخ میں مرکزی کردار اور ایک فعال حیثیت کا اختیار دیا گیا۔

فرانسیسی تانیثی تحریک گزاروں میں ہیلن کلکساؤس بھی اہم مقام رکھتی ہیں۔ ہیلن کلکساؤس کے مضامین کا مجموعہ (1975)*The Laugh of Medusa* تانیثیت کے باب میں اہم مقام رکھتا ہے۔ ان مضامین میں کلکساؤس نے عورت کی خواہشات اور اس کی زبان کے درمیان ربط کی وضاحت کرتے ہوئے قدامت پرست مرداساس نظام کی بھی بخیہ دری کی ہے۔ کلکساؤس نے جنسیاتی شناخت کو الگ الگ خانوں اور زمروں میں بانٹنے کی روایت کو چیلنج کیا ہے۔ اور نسوانیت پر Phallogocentrism یعنی تذکیری نظام کے غلبہ و تسلط کو بھی چیلنج کیا ہے۔ Binary کی تشکیل، فعالیت / مفعولیت۔ سورج / چاند۔ فطرت / ثقافت۔ دن / رات۔ ماں / باپ۔ وغیرہ کی ثنویت سے ہوتی ہے لیکن اس عمل میں ایک زمرے کو دوسرے پر فوقیت اور برتری دینا درست نہیں ہے۔ اسی طرح ایک زمرے کی تعمیر و ترقی کے لیے دوسرے زمرے کو تباہ و برباد کرنا قطعاً مناسب نہیں۔ اس زمرہ بندی کے عمل میں عورت کو 'غیر' اور دوسرا درجہ دیا جاتا ہے۔ کلکساؤس مردانگی اور نسوانیت کی ثنویت (Binary) کو مسترد کرتی ہیں اور نظریۂ تکثیریت کی توسیع کے لیے دو جنسے یعنی (Bisexual) کو ترجیح دیتی ہیں۔

Post-Colonial Feminism and Third world Feminism

تانیثیت کی تھیوری اور تحریکات کا دائرہ یورپ اور امریکہ میں بالعموم سفید فام، انگریزی بولنے والی تعلیم یافتہ اور متوسط طبقے کی خواتین تک محدود تھا اِس مین اسٹریم تحریک میں تیسری دنیا کی خواتین کے مسائل غائب تھے۔ استعمار اور سامراجیت کے بطن سے پیدا ہونے والی نو آبادیات میں خواتین کی کیا صورت حال تھی، اس پر سرے سے گفتگو نہیں نظر آتی تھی اور نہ ہی ان کے حقوق کے لیے تحریکیں یا آوازیں بلند ہوتی تھی۔ اس لیے PostColonial Feminsim یا Third world Feminism کی بھی ضرورت محسوس ہوئی۔ اس نظریے کے علمبرداروں میں ایک اہم نام گایتری چکرورتی اسپیوک (Gayatri Chkravorty Spivak) کا بھی ہے۔ گایتری نے اپنے مشہور زمانہ مضامین کے مجموعے *Can the Subultern Speak* میں ردتشکیل، مارکسیت، اور تانیثیت کے حوالے سے Subaltern کے مقام و مرتبہ کا جائزہ لینے کی کوشش کی ہے۔ Subaltern دوسرے درجے یا ماتحت فوجی افسر کو کہتے ہیں لیکن اس لفظ کا ایک وسیع مفہوم بھی ہے۔ مورخین اس لفظ کو جنوب ایشا میں مقیم ان افراد کے لیے استعمال کرتے ہیں جن کو ذات، طبقہ، عمر، جنس اور عہدے و رتبے کی بنیاد پر کمتر سمجھا جاتا ہے۔ مابعد نو آبادیات میں عورت کی ماتحتی (Subalternity) کی صورت حال کا جائزہ لیتے ہوئے گایتری بیان کرتی ہیں کہ مابعد نو آبادیات میں عورت کی بات کو سنا نہیں جاتا ہے انہیں گویائی سے محروم کیے جانے جیسی صورت حال ہے۔ انہیں نو آبادیاتی ڈسکورس میں کوئی جگہ ہی نہیں ملی اس لیے وہ خاموش رہنے کو مجبور ہوئیں۔ گائتری نے French Feminism In an International

Frame اور Feminism and Critical theory میں نہ صرف تانیثیت کی مدلل تشریح وتعبیر کی ہے بلکہ جولیا کرسٹوا، لوسی ایری گیرے، ہیلن کسکاؤس وغیرہ فرانسیسی تانیثی مفکرین اور ناقدین کی کھل کر تنقیدیں بھی کی ہیں۔ عورت کو محکوم اور دوسرے درجے کا بنانے والے مرداساس معاشرتی نظام، چرچ، اور ایسے قوانین جو مرد وزن کے درمیان تفریق کو بڑھاوا دیتے ہیں ان تمام کا محاکمہ کیا ہے۔ گایتری نے تانیثیت کے باب میں ایک بحث کا رخ موڑ دیا، انھوں نے جنسی تفریق کے موضوع کو مسترد کرتے ہوئے 'پہلی دنیا' اور 'تیسری دنیا' کے درمیان پائی جانے والی ثقافتی اور سماجی تفریق کے حقائق کو زیر بحث لایا۔ گایتری نے مہاشویتا دیوی کی کہانی سے مثال پیش کی ہے جس میں جسودا ایک نچلے طبقے کی عورت ہے جس کا شوہر اپاہج ہے اس لیے وہ گزربسر کے لیے، ایک اعلیٰ طبقے (برہمن) کے گھر نوکرانی کا کام کرتی ہے۔ لیکن اس گھر کے بچوں کی دیکھ ریکھ کے ساتھ اسے دو سطح پر استحصال کا شکار ہونا پڑتا ہے۔ اول تو یہ کہ ایک اعلیٰ طبقے کے بچے کی پرورش کے لیے اسے اپنا دودھ پلانا پڑتا ہے اور دوسرے اسے اپاہج شوہر کے لیے اپنے جسمانی اعضا کا استعمال کرنا پڑتا ہے۔ اسی طرح گایتری نے Subaltern عورتوں کے استحصال کی دو دیگر نوعیتوں کی بھی وضاحت کی ہے۔ اول یہ کہ انھیں مقامی مرداساس معاشرتی نظام کا جبر جھیلنا پڑتا ہے اوور دوسرے انھیں سامراجی نظام کی مردحاکمیت کا بھی جبر جھیلنا پڑتا ہے۔ گایتری کے علاوہ، چندرا تالڈے موہنتی، راجیشوری سندر راجن، لیلا احمد، وغیرہ نے بھی مابعد نوآبادیاتی تانیثیت کی تھیوری کی توسیع میں اہم کردار ادا کیا ہے۔

مغرب میں جو تانیثیت وجود میں آئی، اس کے دو پہلو تھے: ایک صنفی حقوق کے مطالبے پر مبنی سماجی اور اقتصادی تحریک اور دوسرے شعروادب کی تانیثی قرات پر مبنی تانیثیت۔ اسی طرح تانیثیت کے زیر اثر جو ادب وجود میں آیا، ان کی بھی دو نوعیت ہے۔ ایک تو عورتوں کے بارے میں مردوں کا لکھا ہوا ادب اور دوسرا عورتوں کا تخلیق کردہ ادب۔ اردو میں عام طور سے عورتوں کے ایشوز پر عورتوں کے تحریر کردہ ادب اور ادب پاروں کی تانیثی قرات پر مبنی تنقیدات کو تانیثیت کے زمرے میں رکھا جاتا ہے۔

مغرب میں تانیثیت کی تحریک اور رجحان دونوں حیثیت سے نظر آتی ہے لیکن ہندوستان میں تانیثیت ایک منظم تحریک نہ ہو کر رجحان کے بطور ادبی تخلیقات اور احتجاجی ومزاحمتی سرگرمیوں میں نظر آتی ہے۔

گزشتہ صفحات میں تانیثیت کی تھیوری کی متعدد شکلوں کو پیش کرنے کی کوشش کی گئی ہے۔ ان تمام تھیوریز کے علاوہ بھی تانیثیت کی متعدد تھیوریز ہیں۔ مثلاً ایکوفیمنزم، بلیک فیمنزم، اسلامک فیمنزم وغیرہ۔ لیکن تمام تھیوریز کی قدریں تقریباً یکساں اور مشترک ہی ہیں۔ سماج کے جس ڈھانچے میں جہاں کہیں بھی عورت کے ساتھ کسی بھی نوعیت کے استحصال کے خلاف آواز بلند کرنا اور حقوق نسواں کی آگہی عام کرنا ہی دراصل تمام تھیوریز کا محور ہے۔ شرم وحیا کے باعث ایک عرصے تک عورتیں اپنے ساتھ ہونے والے استحصال کی مکروہ شکلوں کے اظہار سے بھی گریزاں تھیں۔ لیکن اب اتنی بیداری عام ہوئی ہے کہ عورتوں نے اپنے ساتھ ہونے والے استحصال کا برملا

اظہار کرنے کی جرأت کرنا شروع کیا ہے۔حال ہی میں سوشل میڈیا کے ذریعے می ٹو کے ہیش ٹیگ Metoo# کی مہم کے ذریعے دنیا بھر کی متعدد خواتین نے اپنے ساتھ ہونے والی جنسی زیادتیوں کا کھل کر اظہار کیا۔

کتابیات:

Feminism by Arpita mukhopadhyay,Orient Blackswan2016

Feminist Literary History by Janet Todd,Polity Press Dales UK1988

Dictonary of Literary Terms and Literary Theory by J.A.Cuddon&M.A.R.Habib,Penguin2013

Gaytri Chakravorty Spivak on Situating Feminism (Youtube Link:http//:youtube.be/ garPdV7U3fQ(

بیسویں صدی میں خواتین اردو ادب: مرتب عتیق اللہ، موڈرن پبلشنگ ہاؤس گولا مارکیٹ، دریا گنج دہلی۔۶۔سن اشاعت ۲۰۰۲

تانیثیت اور ادب، مرتب: انور پاشا، عرشیہ پبلیکیشنز دہلی۔۹۵۔سن اشاعت ۲۰۱۴۔

تانیثی مطالعات اور دوسرے مضامین: ارجمند آرا، ایجوکیشنل پبلشنگ ہاؤس دہلی۔اشاعت ۲۰۱۶۔

عورت مرد کا رشتہ؛ کشور ناہید، ہر آنند پبلیکیشنز چراغ دہلی، سن اشاعت ۱۹۹۴

[بشکریہ، اردو ریسرچ جرنل، یکم فروری 2018]

تا**W*کا نظریاتی پس منظر اور اردو کا ادب نسواں

احمد سہیل

تانیثی ادب اور تنقید مخصوص جنسی گروہ کے لیے قلم بند کی جاتی ہے، جس کے لکھنے والے اور قاری مخصوص جنسی گروہ سو ور رجحان سے وابستہ ہوتے ہیں کیونکہ اس جنسی گروہ کا معاشرے میں مخصوص کردار ہوتا ہے۔ 1960 میں یہ رویے جدید رنگوں میں ایک عمرانیاتی شعور کے ساتھ ہمارے مطالعوں اور سوچوں کا حصہ بنے۔ تانیثیت {FEMINISM} کے معاشرتی اور ادبی نظریاتی مطالعات میں جنسی تعصّبات کے حوالے سے بہت حساس رہا ہے۔ اس کے سکہ بند تصورات پر سوالات بھی اٹھاتی ہے۔ تانیثی تنقید میں مارکسی، فرائڈین، ساختیاتی پس ثانیثی تنقید، ردثانیثی تنقید، نئی ثانیثی تنقید، نسلی اور مذہبی تانیثی تناظر میں اپنی اپنی تعبیرات اور تفاسیر بیان کی گئی ہیں۔ اس کو عورت کی مزاحمت اور احتجاج کا نظریہ بھی کہا جاتا ہے جو عورتوں کے بارے میں تصورات، مفروضات کو منفرد سیاق وسباق عطا کرتے ہیں۔ کہا جاتا ہے ثانیثی ادب کے متن میں کچھ امور اور معاملات ایسے ہوتے ہیں جن کو اسے صرف عورت ہی سمجھ سکتی ہے اور سمجھا سکتی ہے، کیونکہ عورت کے تجربات اور حساسیّت کو مرد کلی طور پر سمجھ نہیں پاتا۔ مارکسی فکریات میں تانیثیت سے کچھ زیادہ دلچسپی اور ہمدردی کے جذبات نظر نہیں آتے کیونکہ یساریت پسند فکریات میں طبقاتی درجہ بندی میں خواتین کا علیحدہ وجود تسلیم نہیں کیا جاتا۔ اسی طرح فرائڈ کی فکر میں انسانی تعلقات کے عمل کیمیائی وانسلاکات اور بین العمل میں مرد کا آلہ تناسل کو ثانیثی تجزیات سے منسلک کردیتا ہے جو شارح اور رہنما بھی ہے، جو قوت مقتدر بھی ہے۔ سوال یہ ہے کہ کیا ثانیثی تنقید اور مطالعوں کے زریعے عورت اپنے ماڈی نظام کی گم شدہ شجرہ نسب کو دریافت کرسکتی ہے؟ حیدر قریشی رقم طراز ہیں" صدیوں سے انسانی معاشرہ میں عورت کو کم تر درجہ دیا گیا لیکن یہ بھی درست ہے کہ عورت کو مرد کے برابر لانے کے لیے تدریجاً کام بھی ہوتا آرہا ہے۔ اور اب تو یہ کام بس تھوڑے سے فرق کے ساتھ رہ گیا ہے۔ مرد حضرات کھڑے ہو کر سہولت کے ساتھ

64 نسائی مزاحمت

پیشاب کر سکتے ہیں جبکہ خواتین ایسا نہیں کر سکتیں۔ سو مرد کی اتنی سی فضیلت تو ابھی باقی ہے۔ جب یہ بھی عملاً چیلنج ہو گئی تب دونوں کی حیثیت برابر ہو جائے گی۔ 'عورت اور لغات' میں عورت کی جو حیثیت سامنے لائی جاتی رہی ہے، اس کے بیشتر حصے بہر حال افسوس ناک ہیں۔ یہاں اردو اور انگریزی لغات سے چند مثالیں عبرت کے طور پر پیش کر رہا ہوں۔

فرہنگ آصفیہ: عورت۔ آدمی کے جسم کا وہ حصہ یا عضو جس کا کھولنا موجب شرم ہے۔ (مجازاً) زن، استری، ناری، جورو، بیوی، زوجہ۔ (ص۔ ۱۳۸۲) جیلانی بانو کے ناول 'ایوانِ غزل' میں نسوانی کردار۔ لفظ زنانہ صفت کے اعتبار سے ان معنوں کا حامل ہے۔ نامرد، ڈھیلا، سست، زن صفت، بزدل۔ (ص ۱۰۸۰)

نور اللغات (جلد سوم): عورت۔ وہ چیز جس کے دیکھنے دکھانے سے شرم آئے۔ ناف سے ٹخنہ تک جسمِ انسان کا حصہ۔

زوجہ۔ بیوی، آدمی کے جسم کا وہ حصہ جس کا کھولنا موجبِ شرم ہے جیسے ستر عورت، یعنی شرم کے مقام کا چھپانا۔

ضرب الامثال: عورت کی ذات بے وفا ہوتی ہے۔ عورت سے وفا نہیں ہوتی۔ عورت کی عقل گدی کے پیچھے۔ عورت بے وقوف ہوتی ہے۔ عورت کی ناک نہ ہوتی تو گو کھاتی۔ عورت ناقص العقل ہوتی ہے۔ (نور اللغات ص ۵۷۵)

فیروز اللغات: عورت اور گھوڑا ران تلے (ص۔ ۹۰۶) { "تانیثی تنقید" : ایک روزن 20 اکتوبر 2017}

حامدی کاشمیری لکھتے ہیں" موجودہ شعری صورت حال پر (فی الوقت شعری صورت حال ہی پیش نظر ہے) جو کم و بیش مغرب کے ساتھ ساتھ مشرق میں بھی موجود ہے، ایک نظر ڈال کر تنقیدی تناظر میں تانیثیت کے حوالے سے کئی سوالات سر اُٹھاتے ہیں، مثلاً:

۱۔ تانیثی ادب/ تانیثی تنقید کی اصطلاحات وضع کرنے کا کیا جواز ہے؟
۲۔ کیا خواتین کی تخلیقی حسیت مردوں سے مختلف ہے؟
۳۔ قدیم ادوار میں عورتوں نے مردوں کی طرح قلم ہاتھ میں کیوں نہیں لیا؟
۴۔ کیا خواتین کے لکھنے کے محرکات مردوں سے مختلف ہیں؟
۵۔ کیا خواتین قلم کار مروجہ زبان میں جو مردوں کی زبان ہے، ترسیلیت کا حق ادا کرتی ہیں؟
۶۔ خواتین، تنقید نگاری میں مردوں سے پیچھے کیوں ہیں؟
۷۔ کیا مرد نقاد، نسوانی تخلیقات کا غیر جانب دارانہ اور منصفانہ احتساب کر سکتے ہیں؟

ان سوالات اور اس نوع کے دیگر سوالات کا جواب تلاشنے سے قبل (جس کی کوشش آگے کی جائے

گی) خواتین قلم کاروں کے مجموعی Output کی تنگ دامنی کو ذہن میں رکھنا ہوگا۔ یہ بھی یاد رکھنا ہوگا کہ جس طرح قدیم زمانے سے مرد تخلیق کار ذہنی تحفظات اور امتناعات سے ماورا ہو کر، آزادی نفس کے ساتھ لکھتے رہے ہیں، خواتین ایسے خطوط پر لکھنے سے محترز اور معذور رہی ہیں۔ اس کا سبب جاننے کے لیے ہمیں یہ دیکھنا ہوگا کہ معاشرتی، تمدنی اور معاشی پس منظر میں مردوں کے معاشرے میں عورت کا کیا مقام رہا ہے، اور وہ کس حد تک اپنی شخصیت کی تخلیقی انرجی کا ادراک، تحفظ، استحکام اور اظہار کرتی رہی ہے۔ یہ گویا عورت کا گھریلو، ازدواجی، سماجی اور تمدنی حیثیت اور اس سے بڑھ کر اس کی تخلیقی انفرادیت کو دریافت کرنے کا عمل ہے۔{"عورتوں کا ادب: کچھ پرانے اور کچھ نئے سوال" ایک روزن، 16 جنوری 2017}

یہ مرد کی معاشرتی مرکزیت اور مقتدریت کو بڑا چیلنج تھا۔ کیا اب حوّا کو اتنی آسانی سے جنّت سے باہر نکالا نہیں جاسکتا؟ سوال یہ ہے کہ مرد، عورت کے متنوّن کی حساسیّت کی افقی، عمودی اور افقی سطح پر بیاں، تشریح اور اس کی تفہیم کرسکتا ہے؟ اصل میں تانیثی ادب عورتوں کی آزادی، احتجاج، مزاحمت سے منسلک ہے۔ جہاں ان کے معاشرتی حقوق حاوی" مقولہ" ہے، وہاں عورت کو" شے" یا کھلونا" سمجھا جاتا ہے۔ رافد اُویس بھٹ اپنے مضمون "نسوانی تنقید" میں لکھتے ہیں:" ایک مسلمہ حقیقت ہے کہ عورت طبقہ پر ہمیشہ مرد طبقہ کی بالادستی رہی ہے اور عورت کو مرد سے کم تر تصور کیا گیا ہے۔ ہوسکتا ہے کہ عورت پہ بالادستی جنسی تعصّبات کی وجہ سے بھی ہوسکتی ہے۔ کیونکہ عورت کو صنف نازک متصور کر کے 'نازک دلی'، 'رقیق القلبی' اور 'شرم وحیا' جیسی خصوصیات کا لیبل لگا کے ہمیشہ مردانہ اقتدار اور مردانہ طاقت عورت طبقہ پر غالب رہی ہے۔ عورتوں کو مرد کے مقابلے میں ایک کمتر مخلوق تصور کیا گیا ہے اور اس وجہ سے ہمیشہ 'مادرانہ نظام' کے مقابلے میں 'پدرانہ نظام' غالب رہا ہے اور نتیجتاً عورت کے بارے میں جو تصورات، مفروضات اور نظریات پیش کیے گئے ہیں، وہ سب مردوں کے متعین کردہ ہیں اور عورت ثقافتی، جنسی اور صنفی تعصّبات کا شکار ہو کر ثانوی جنس متصور ہوئی۔"

جانثار مومن نے لکھا ہے" عربی لفظ 'تانیث' 'تانیثیت' سے مشتق انگریزی متبادل 'Feminism' لاطینی اصطلاح 'Femina' کا مترادف ہے۔ معنیٰ و مفہوم تحریک نسواں، نظریہ، حقوق نسواں اور نسوانیت کے ہیں۔ ابتداً 1871 میں فرنچ میڈیکل ٹکسٹ میں لفظ Feminist نسوانیت والے مردوں کے لیے استعمال کیا گیا تھا۔ مغرب میں تحریک آزادی نسواں حامیوں کو بھی کہا گیا۔ بعد میں باقاعدہ لفظ 'Feminism' تحریک نسواں کی اصطلاح بن گیا۔ اور 'حقوق نسواں'، 'آزادی نسواں' یا 'ناری آندولن' سے جانی جانے والی تحریک کے بنیادی نظریات میں سیاسی، سماجی، معاشی، معاشرتی، تعلیمی، اخلاقی اور تہذیبی طور پر دونوں جنس کے لیے مساویانہ حقوق کے ہیں۔ بالخصوص نسائی حقوق سے جڑی تمام فکروں کا مرکب ہے۔ اس تحریک کی خواتین علمبرداروں کے لیے 'Womanist' اصطلاح مستعمل ہے۔ لفظ 'کاز' بھی تانیثی مسائل کے لیے انھی ناقدین کے استعمال میں ہے۔ اس کے برعکس عورت پسندی 'Womanism' ہے جو خواتین میں رجولیت نازن پسندی

’Feminism‘ ہے۔ یہ دونوں مختلف مکاتب کی فکریں ہیں۔ اس تحریک کا مقصد خواتین کے وہ تمام مسائل جو آنسوؤں سے لے کر مسکراہٹ تک درپیش آتے ہوں۔ اس ضمن میں ایلین شوالٹر نے تانیثی تنقید کی چار اہم جہات کی نشاندہی کی ''ا۔ حیاتیاتی ۲۔ لسانیاتی ۳۔ تحلیلِ نفسی، کلچرل تنقید۔'' لیکن Feminism کی علمبردار بھی اس تحریک کی مناسب اصطلاح یا لفظ کی تلاش میں نظر آتی ہیں۔ ”تحریک نسواں کی حامی فکر یہ ہیں آخر جب ’عورت‘ کے لیے کس لفظ کا استعمال ہونا چاہیے، ’ویمن‘ کا استعمال تو مسئلہ پیدا کرتا ہے یہ بعض اوقات ویمن (عورت) استعمال میں ہے اس کا مطلب ’تمام خواتین‘ نہیں ہوتی۔ یہی خیال Judith Event کا بھی ہے ”نہ عورت، نہ مرد۔ تحریک نسواں کا ہدف Androgynous یعنی دونوں کے جنسی امتیازات مٹا کر لفظ جنس (Gender) تمام اختلافات کا بدل یا اہداف ہے۔ موجودہ حقوقِ نسواں کی ناقدین۔ اصطلاح Feminist ہے اور تحریک آزادی نسواں کے لیے Feminism ہے۔" چند" تانیثیت" عورت پن یا نسوانیت نہیں ہوتی جو شعور جنس اجتماعی ہے، جس کی مثال کے طور پر، رابعہ بصری، خالدہ ادیب خانم، رشیدہ جہاں، عطیہ فیضی، سلویا پاتھ، روجینا وولف، اینا سیکٹن، ایریکا ژوگ، خیر النسا جعفری، عطیہ داؤد، عصمت چغتائی، ممتاز شیریں، کشور ناہید، خالدہ حسین، فہمیدہ ریاض، ثمینہ راجا، سارہ شگفتہ وغیرہ کی تخلیقی اور تنقیدی تحریریں ملتی ہیں۔ کوئر نظریے کے حوالے ثانیثی تصورات کو اجاگر کیا گیا جن میں ایوا سیڈوک،، جیوڈتھ بٹلر پیش پیش ہیں۔ چند اردو کے ادبی رسائل نے ثانیثی حوالے سے بڑی اچھی تحریروں کو اپنے مندرجات میں شامل کیا۔ مثلاً لاس انجلیس، کیلیے فورنیا، امریکہ سے ایک زمانے میں اردو کا ادبی جریدہ" مشاعرہ" چھپا کرتا تھا، اب یہ رسالہ چھپنا بند ہو گیا ہے۔ اس کی مدیرہ نیر جہاں ہوا کرتی تھیں۔ اس کو جریدے کو مدیر نے اسے سوئینر کا نام دیا۔ یہ خوب صورت رسالہ تھا۔ یہ خصوصی نمبر لاس انجلیس کے افسانہ نگاروں پر مشتمل ہے۔ اس میں 7 خواتین افسانہ نگار شامل ہیں، ایک بھی مرد افسانہ نگار اس شمارے میں نظر نہیں آتے۔ یہ نومبر 1999 میں چھپا تھا۔ اس پرچے میں افسانہ نگاروں اور افسانوں کی فہرست یوں بنتی ہے:

ا۔ منجور {نیمہ ضیاالدین}

۲۔ مہندی کے دو رنگ [نیر جہاں}

۳۔ من حرامی تے حجتاں دے ڈھیر [روبینہ نورین}

۴۔ اور سورج ڈوب گیا {لالی چوہدری}

۵۔ صفحہ سات کالم چار { آصفہ نشاط}

۶۔ چنے کی دال {روحی فرخ}

۷۔ یہ تہذیب {صفیہ سمیع احمد}

ایسی ہی کیفیت جیلانی بانو کے ناول" ایوان غزل" میں ملتی ہے۔

اردو ادب میں خواتین کے مسائل پر بہت کچھ لکھا گیا۔ نثر ہو یا شاعری، ان کی زبوں حالی اور ان کی تعریف پر ہر شاعر اور فکشن نگار نے قلم اُٹھایا ہے۔ جیلانی بانو نے بھی اپنے دونوں ناولوں میں سماجی و سیاسی سطح پر خواتین کے ساتھ ہونے والی ظلم و زیادتی کو پیش کیا ہے۔ جیلانی بانو نے خواتین پر ہونے والے گھریلو تشدد کو بے باک انداز میں پیش کیا ہے۔ ان کے ناولوں میں کم سن لڑکی، نوجوان خاتون، بیوی، ساس اور ہر وہ خاتون رشتہ جو کسی نہ کسی طرح انسانی رشتوں سے منسلک ہوتا ہے؛ پریشان، تکلیف دہ نظر آتا ہے۔ ان کے ناولوں کی خواتین کردار گھریلو زندگی، خاندانی سازشوں، سماجی نہ برابرگی کا شکار ہیں جو فرسودہ معاشرے اور مطلب پرست گھریلو و خاندانی نظام کی پول کھولتی ہیں۔

جیلانی بانو نے اپنے زورِ قلم سے ۱۹۷۶ء میں ناول 'ایوانِ غزل' تحریر کیا۔ ناول کا موضوع معاشرتی و سیاسی ہے جس میں مسلم گھرانوں میں خواتین کے ساتھ ہونے والی نسلی و جسمانی تشدد کی داستان بیان کی گئی ہے۔ جیلانی بانو مسلم گھرانوں میں پنپنے والے ان مسائل کو بے پردہ کیا ہے جو شاید بیسویں صدی کے وسط میں منظرِ عام پر نہیں آتے تھے اور نہ ہی کسی اخبار یا رسائل کی جلی سرخی بنتے تھے۔ {عبدالمغنی: جیلانی بانو کے ناول 'ایوانِ غزل' میں نسوانی کردار" ادبی ڈائری، روزنامہ سیاست، حیدرآباد۔ 25 جولائی 2015}

ان تمام کہانیوں میں تہذیبی انحطاط، اقدار کی توڑ پھوڑ، امریکہ میں بسنے والے پاک ہند کے خاندانوں کے خلفشار اور مسائل کے ساتھ ان افسانوں میں ناسٹلجیائی رویئے اور تانیثی مزاحمت اور احتجاج بھی نظر آتا ہے۔

(بشکریہ فیس بک، احمد سہیل کی وال، 21 فروری 2018)

تانیثی تھیوری اور اردو نظم

قاسم یعقوب

تانیثی تھیوری یا ادب کا تانیثی مطالعہ کن سوالوں کے ساتھ ادب کا مطالعہ کرنا چاہتا ہے؟ کیا تانیثیت کے وہی فکری اہداف ہیں جن کا ذکر ادب میں تانیثی تھیوری کی بحثوں میں ملتا ہے؟ تانیثی مطالعات نے ان معروضات کی تشفی کے لیے تاریخ کے باطن سے راہ بنانے کی کوشش کی ہے۔ ادبی تھیوری جو ادب کے تشکیل معنی کے نظام کو گرفت میں لینے کا مطالعہ ہے تانیثی تجزیوں کے لیے راہ ہموار کرتی ہے۔ گزشتہ صدی کی چھٹی دہائی میں جب ادبی تھیوری کا چلن عام ہوا تو اس کے ساتھ ہی ادب کے موضوعاتی مطالعوں کو بھی راہ ملی۔ مابعد نوآبادیاتی اور تانیثی مطالعوں کو 'نظریانے' کے پیچھے مابعد جدید فکر کا وہی بنیادی اصول کارفرما تھا کہ وہ تمام اشیا جو مرکزی سمجھی جا رہی ہیں وہ اُن اشیا سے بدلی جاسکتی ہیں جو متن مرکز نہیں یا جنھیں حاشیے پر سمجھا جا رہا ہے۔ اصل میں کسی بھی شے کا حتمی ادراک نہیں کیا جا سکتا۔ جو جتنا حاضر ہے اُتنا ہی غائب ہے۔ یوں حاشیے پر موجود اشیا کا بھی مرکزی دعوے کا اتنا ہی حق ہے جتنا مرکزی متن پر موجود فکروں یا اشیا کا۔ جو مرکزی ہونے کا دعویٰ کر رہی ہے وہ... مکمل.. بتائی جا رہی ہے ورنہ وہ بھی ادھوری ہے۔ اُسی طرح ادھوری جس طرح حاشیے پر موجود فکروں اور اشیا کو ادھورا یا خام ہونے کا سچ پہنا دیا جاتا ہے۔ مابعد جدید فکر نے ایک اور زاویے سے بھی اشیا کی ترتیب الٹنے کی کوشش کی ہے کہ سماجیاتی تشکیلات کی حیثیت تبدیل کی جاسکتی ہے کیوں کہ وہ ایک تشکیل کی حالت میں ہوتی ہیں جو جبر کی وجہ سے وہ ہیئت دکھا رہی ہوتی ہیں جو دکھانے کی کوشش کی جائے۔ اگر سماجیاتی تشکیلات کا کوئی اور رُخ متعین کر دیا جائے تو وہ اسی رُخ کو سچائی بنا کر پیش کر دیں گی۔ یعنی سماجی تشکیل پانے والی اشیا یا فکروں کا کوئی ایک روپ حتمی نہیں ہوتا اور نہ ہی وہ جبر سے مقدم یا موخر ہو سکتی ہیں۔ ان کی تمام شکلوں کو سامنے رکھنے اور اُن کی حیثیت کو ماننے کا نام ہی مابعد جدیدیت ہے۔ مابعد جدیدیت نے نوآبادیاتی فکر کا پردہ چاک کیا اور دکھانے کی کوشش کی ہے کہ کس طرح معصوم

قرات اُن حقائق کو چھپا لیتی ہے جو اصل میں کوئی اور روپ دھارے ہوتے ہیں، آثاریاتی قرأت ہی دونوں اطراف دیکھنے کی اہلیت رکھتی ہے، جس کی رو سے ہر فکر متن مرکز ہوسکتی ہے اور دبائی گئی سچائیاں جھوٹ کا پردہ چاک کرنے کی اہلیت رکھتی ہیں۔ تانیثیت نے بھی مابعد جدید عہد کے ساتھ ہی تانیثی مطالعوں کو 'نظریایا' اور تاریخ کے آئینے میں عورت کے مجموعی کردار اور اہلیت کو ماپنے کی کوشش کی۔ یوں عورت تاریخ کے حاشیے سے مرکزِ متن بنائی جانے لگی۔

تانیثیت کو سمجھنے کی طرف پہلا بنیادی تھیسس یورپ میں پیش ہُوا، مگر یہ تھیسس عورت اور مرد کے درمیان برابری کے مسئلے کو اجاگر کرتا تھا۔ اس میں کسی خطے کے کلچر یا کسی سیاسی مسئلے کو بنیاد نہیں بنایا گیا۔ عورت کیوں مرد سے حقیر تر ہے اور عورتوں کو وہ سماجی حقوق کیوں میسر نہیں جو صرف مرد ہونے کی وجہ سے مرد کو عطا کر دیے جاتے ہیں۔ یہ وہ بنیادی انسانی حقوق کا پہلا سوال تھا جو باقاعدہ تانیثی تحریک کے آغاز کا موجب بنا۔

تانیثی تھیوری کے حوالے سے اُردو میں بہت کم مقالات میں تانیثیت کو 'نظریانے' کی کوشش کی گئی ہے۔ تانیثی تھیوری جس کی بنیاد پر ادب کی تانیثی تنقید وجود میں آئی، بنیادی طور پر تین حصوں پر مشتمل ہے:

1۔ عورت معاشرے کے تناظر میں: یعنی عورت کے معاشرتی حقوق کی جنگ، عورت کو سماجی طور پر مرد کے مقابلے میں مساوی حقوق دیے جانے کی جدوجہد۔

2۔ عورت مرد کے تناظر میں: یعنی مرد نے عورت کو کس طرح دیکھا یا اپنی تحریروں میں دکھایا ہے۔ عورت مرد کے مقابلے میں مرتبہ، درجہ اور حیثیت میں کہاں کھڑی ہے؟ اگر کوئی ناانصافی کی گئی ہے تو کیوں کی گئی اور اُس کے محرکات کیا تھے؟ عورتوں کی دانشورانہ حیثیت مردوں کے تناظر سے کہاں متعین ہوتی ہے۔

3۔ عورت عورت کے تناظر میں: یعنی عورت کو عورت کے تناظر میں دیکھا یا پڑھا جائے۔ عورت ایک صنف کی حیثیت میں مرد کی محتاج نہیں بلکہ مرد عورت کو سمجھ ہی نہیں سکتا عورت ہی عورت کو سمجھ سکتی ہے۔ یوں عورت کو عورت کے مسائل کے ساتھ سامنے لایا جائے کہ عورت کی سماجی، سیاسی، حیاتیاتی اور نفسیاتی درجہ بندی عورت کے تناظر ہی سے متعین کی جائے۔

تانیثیت کے حوالے سے مغربی تاریخ میں انقلابِ فرانس کے بعد سے اس موضوع کو اہمیت دی جانے لگی ہے اس سلسلے میں سب سے اہم جان اسٹورٹ مل کی کتاب ہے: The Subjugation of Women جس نے تانیثی حقوق کی آواز کو اس شدت سے اُٹھایا کہ اس کے خیالات کو لبرل فیمنزم کا نام دیا جانے لگا۔ بیسویں صدی میں تانیثی تحریک کا سارا مواد ورجینا وولف کی کتاب A Room of One's Own، ڈورتھی رچرڈسن کا ناول Pilgrimage اور سیمون دی بوائر کی کتاب The second se نے فراہم کیا۔ تانیثی تحریک کا ادب کے اندر مضبوط اظہار کی ایک وجہ ان کتابوں کی اشاعت بھی تھی جنھوں نے تانیثیت کو ایک علمی وقار سے پیش کیا۔ تانیثی تحریک ادبی تحریک بن گئی جس نے عورت کے مقدمے کی فلسفیانہ حیثیت کو منوانے میں اہم کردار ادا کیا۔ بیسویں

صدی کی آخری دہائیوں میں انتقادِ نسواں کا اسکول سامنے آیا جس کا نفسیات کے ساتھ بھی گہرا تعلق تھا۔ خصوصاً فرائڈ کے جنسی نظریات نے عورت اور مرد کے باہمی تعلق کو سمجھنے کی طرف کئی ایک اشارے فراہم کیے تھے۔ تانیثی ناقدین نے فرائڈ کے ہاں عورت اور مرد کے جسمانی تفاوت کی بحثوں کو اپنے تھیسس میں پیش کیا۔ فرائڈ نے کہا تھا کہ عورت مرد کے مقابلے میں ایک قسم کی نفسیاتی کمی کا شکار رہوتی ہے۔ اُس کے جسم کی ساخت مرد جیسی نہیں، یہی احساس عورت کے اندر رشک اور احساسِ کمتری کا رجحان پیدا کرتا ہے جو بڑی حد تک دانش ورانہ کمتری کا موجب بنتا ہے۔ عورت کے جسمانی طور پر مرد کی نفسیاتی برتری قبول کرنے کے نظریے نے تانیثی ناقدین کو اپنی طرف متوجہ کیا۔

تانیثی تھیوری کی پیش کش میں ایلین شووالٹر کا نام نمایاں ہے۔ ایلین شوالٹر کا عورت کے سماجی اور حیاتیاتی حوالوں سے سمجھنے کی طرف بہت اہم تنقیدی کام ہے۔ ایلین شووالٹر کا تحقیقی وتنقیدی کام عورت کی نفسیاتی پیچیدگیوں سے بھی بحث کرتا ہے۔ عورتوں میں ہسٹیریا اور جنسی مسائل بھی شوالٹر کی تنقیدات کے اہم موضوع وہیں۔ مندرجہ ذیل چند ایک کتابوں سے اس کے کام کی جہات اندازہ ہوتا ہے:

Toward a Feminist Poetics(1979)
The Female Malady: Women, Madness and English Culture, (1985)
Sexual Anarchy: Gender and Culture at the Fin de Siecle(1990)
Hystories: Hysterical Epidemics and Modern Media(1997)
Inventing Herself: Claiming a Feminist Intellectual Heritage(2001)

ایلین شووالٹر نے انتقادِ نسواں کی بنیاد رکھی۔ شووالٹر نے نسوانی تنقید کو تین مرحلوں میں تقسیم کیا۔ اے

1۔ نسوانیت: شوالٹر نے عورتوں کی تحریروں کی روشنی میں پہلے مرحلے کو نسوانیت کہا جو 1840 سے 1880 تک کا یورپ اور امریکہ کا معاشرہ ہے جس میں عورتوں کے حقوق کو پہلی دفعہ محسوس کیا گیا۔ اس دور کی عورتوں کی تحریریں یا عورتوں کے لیے مردوں کی تحریریں عورت کے بنیادی حقوق کی جنگ لڑتی دکھائی دیتی ہیں۔ عورت ایک صنف کے طور پر اپنے حقوق کے دفاع کا تقاضا کرتی نظر آتی ہے۔ عورتوں نے مردوں کے مقابل دانشورانہ برابری کا نعرہ لگایا۔ شوالٹر نے اس دور کے لیے میل سوڈونیم کا لفظ استعمال کیا ہے جو اپنی ساخت، لہجے، خصوصیات اور لفظیات کی وجہ سے مرد مرکز پہچانا جاتا تھا۔ اصل میں یہ تحریک برابری کے حقوق کی تحریک تھی جو عورتوں سے زیادہ انسانی احترام کا تقاضا لیے تھی۔ جس طرح مارکسی معاشی فلسفے نے مزدور اور مل مالک کے تصور سے انسانی حقوق کی ایک نئی جہت متعارف کروائی تھی، اسی سرمایہ داری کلچر کے زیرِ اثر بچوں کے حقوق اور ان کی اخلاقی اور تعلیمی ضرورتوں کو ناگزیر قرار دیا گیا تھا۔ عورت کیا ہے؟ عورت کا سماجی تصور صنفی تفریق ہے یا فطری تفاوت کی بنیاد ہے، نسوانیت عورت کے متعلق ایسے سوالوں کے جواب دینے سے قاصر ہے یا ان سوالوں کی بنیاد پر قائم تحریک نہیں تھی۔ لہٰذا نسوانیت نے عورتوں کے حقوق کو ہی اپنا مقصد اعلیٰ سمجھا، جو 1880 تک ایک نئی کروٹ

نسائی مزاحمت

لے لیتا ہے۔ یہ زمانہ انقلابِ فرانس کے بعد کا زمانہ تھا جب ہر کوئی جدید انسان کی عملی حالتوں کا مطالعہ کر رہا تھا۔

2۔ نسوانی تنقید یعنی دی فیمنسٹ کریٹسزم

شوالٹر نے دوسرے مرحلے کو نسوانی کہا ہے۔ یہ زمانہ 1880 سے شروع ہو کر بیسویں صدی کے آغاز 1920 تک کا ہے۔ اس دور میں مردوں کی تحریروں کو مطالعے کو مرکز نگاہ بنایا گیا۔ یعنی مردوں کی تحریروں میں عورتوں کو کس طرح پیش کیا گیا ہے۔ کیا عورت مردوں کے معاشرے میں برابری کی دعوے دار رہی ہے۔ مردوں نے عورتوں کو کس طرح سمجھا۔ کیا عورت مرد تناظر میں کم تر رہی یا اعلیٰ صفات کے ساتھ سماجی حرکت میں شامل تھی۔ تانیثیت نے مردانہ معیارات کو رد کرنے کے لیے بھی مرد کو اپنے مطالعات کے لیے ناگزیر سمجھا۔ بنیادی طور پر یہ مکتبِ تنقید Androcentric تھا اور میل اوریئنٹڈ تصورِ عورت کو پیش کرتا تھا۔ ایک عورت مرد کے تناظر سے کس طرح کم تر ہے اگر کم تر ہے تو احتجاج اور تنقید سے اس تفریق کو دور کیا جائے۔ عورت اور مرد کی سماجی حصہ داریوں کو بھی شدید تنقید کا نشانہ بنایا گیا۔ مرد تخلیق کاروں کے ہاں عورت کا تصور کس کس طرح پیش ہُوا ہے۔ مرد کا عورت کے نفسیاتی اور جذباتی حصار میں آنے کا بھی تجزیہ کیا جانے لگا۔

نسوانی تنقید دراصل نسوانیت کا اگلا پڑاؤ تھا۔ پہلے مرحلے میں عورت کے حقوق کو معاشرے کے تناظر سے تلاش کیا گیا، عورت کے بنیادی تصورانسان کو جگہ دی گئی۔ دوسرا مرحلہ پہلے مرحلے کا حاصل مطالعہ بھی ہے۔ اس مرحلے میں یہ نتیجہ اخذ کیا گیا ہے؛ عورت کے مرد تناظر مطالعہ کی ضرورت ناگزیر ہے کہ ایک عورت بطور صنف اور بطور فرد مختلف کیوں ہے اور اُس کو تاریخ کے قید خانوں سے مرد حاکمیت سے کس طرح نجات دی جا سکتی ہے۔ اس کے لیے یہ سمجھا جانا ضروری خیال کیا گیا کہ مردوں کی تحریروں کا مطالعہ اور تجزیہ کیا جائے کہ مرد نے عورت کو اپنی تحریروں میں کس طرح پیش کیا ہے اور اگر عورت اپنی تحریروں میں مرد کو پیش کرتی ہے تو اس کی اپنی حیثیت کیا ہوتی ہے۔ گویا یہ مطالعہ ڈریڈا کے تصور مرد حاکمیت کا مطالعہ تھا۔ ڈریڈا نے یہ اصطلاح اپنے ایک مضمون Plato's Pharmacy میں پیش کیا۔ مرد معاشرہ اصل میں مرد مرکز ہوتا ہے۔ یوں عورت کا مطالعہ مرد کے اردگرد گھومتا، مرد سے احتجاج کرتا اور مرد کے متعصّبانہ رویوں کو چاک کرتا نظر آتا ہے شوالٹر نے اس عہد کو تانیثیت کا نام دیا۔

3۔ عورت یعنی دی فیمیل: یہ مرحلہ 1920 سے شروع ہو کے موجودہ عہد تک پھیلا ہُوا ہے۔ عورت کیا ہے؟ یہ اس دور کا اہم اور بنیادی سوال ہے۔ یہی وہ سوال تھا جو عورت کے سماجی اور انسانی حقوق کے تناظر میں اٹھایا جانا ضروری تھا۔ شوالٹر نے اسے عورت کی خود شناسی کا مرحلہ کہا ہے۔ شوالٹر نے عورت کو عورت کے طور پر جاننے پر زور دیا۔ وہ اپنے ایک مضمون *Toward a Feminist Poetics* میں لکھتی ہے:

Women reject both imitation and protest151two forms of dependency151and turn instead to female experience as the source of an autonomous art, extending the feminist analysis of culture to the forms and techniques of literature.

شووالٹر نے عورت کے مرحلے سے متعلق تھیوری وضع کی اور عورت کے اس خود شناس مرحلے کو انتقادِ نسواں کا نام دیا۔ تانیثیت اور نسوانی تنقیدی نقطۂ نظر، دونوں ہی عورت کو 'غیر' یعنی دی ادرز کے سہارے سمجھنے اور سمجھانے کی کوشش کرتے ہیں۔ کوئی اور عورت کو اپنے تناظر سے سمجھتا ہے اور عورت کو اُس کی خود شناسی کا درس دیتا ہے۔ مگر حقیقت میں عورت کیا ہے؟ یہی وہ ایک سوال تھا جو نسوانی تنقید بھی بتانے سے قاصر تھی۔ نسوانی تنقید والے عورت کے متعلق مخلص تو تھے اور وہ عورت کو صنف کے درجے سے نکال کے ایک الگ شناخت بھی دینا چاہتے تھے مگر وہ عورت کی شناخت کے خود آشنا محرکات سے آگاہ نہیں تھے۔ ایلین شوالٹر نے اپنے ایک مضمون *Feminist Criticism in the Wilderness* میں لکھا ہے:

کلچرل تھیوری یہ تسلیم کرتی ہے کہ لکھاری عورتوں میں بہت سا فرق ہوتا ہے، طبقہ، نسل، شہریت اور تاریخ بھی صنف کی طرح ادبی تعینِ قدر میں اہمیت رکھتے ہیں۔ پھر بھی عورت کا کلچر ایک اجتماعی تجربہ، ثقافتی اجتماعیت کے اندر تشکیل دیتا ہے۔ ایسا تجربہ لکھاری عورتوں کو ایک دوسرے کے ساتھ زمان و مکان سے ماورا ہو کے جوڑتا ہے۔ ۲

ایلین شوالٹر نے اس سوال کو ایک اصطلاح گائنو کریٹسزم میں پیش کیا جسے اردو میں انتقادِ نسواں کا نام دیا گیا ہے، کے بنیادی سوال اور داعیے مندرجہ ذیل تھے:

1۔ عورت کی وجودی شناخت کیا ہے؟

2۔ عورت بطور صنف اور بطور فرد میں کیا اختصاص رکھتی ہے اور وہ اختصاص عورت کے وجودی اور ذاتی حوالوں کو کس طرح معرضِ بحث میں لاتا ہے؟

3۔ عورت کا شعورِ ذات عورت کے نفسیاتی، داخلی اور حیاتیاتی معیارات اور اثرات سے کیسے تشکیل پاتا ہے؟

4۔ عورت کی جنسی اور صنفی خوبیوں کا دائرہ کار کیا ہے۔

5۔ عورت کے معاشرتی اور جبلی رویے کس طرح کام کرتے ہیں؟

6۔ عورت کے تخلیقی متون کی درجہ بندی عورت کی ذاتی اور داخلی فضا میں کیا شکل اختیار کرتی ہے؟

7۔ مادرسری اور پدرسری حاکمیت کی تقسیم کا سماجی اور جبلی امتیاز کیا ہے، کیا عورت مادرسری اور پدرسری دائروں میں جبلی طور پر تقسیم ہے یا کر دی گئی ہے۔

اب ہم اگر شوالٹر کے بتائے ہوئے تینوں مرحلوں کا مطالعہ کریں اور ان کے بنیادی نکات کو ایک جگہ جمع کریں تو عورت کی شناخت ہی وہ بنیادی حوالہ نظر آئے گی جو مختلف اطراف سے اپنا اثبات چاہتی ہوئی ملتی ہے۔

1۔عورت کی شناخت کو کیوں حاشیے پر رکھا گیا؟

2۔عورت کیوں تاریخ سے غائب رہی اور عورت کو صنفی تناظر سے کیوں کم تر صنف تصور کیا جاتا رہا؟

3۔کیا عورت کو سمجھنے یا سمجھانے کے لیے مرد تناظر ہی کافی ہے یا عورت کا سماجی کردار عورت کے تشخص کا ایک ذریعہ قرار پائے گا؟

4۔عورت کا حیاتیاتی اور نفسیاتی مطالعہ عورت کے بدن کے حوالے سے کیوں نہیں کیا جاتا؟

5۔عورت کیا ہے یہ عورت سے کیوں نہیں پوچھا جاتا؟

نسوانیت، نسوانی تنقید اور انتقادنسواں کے تمام سوالات اور داعیے تانیثیت کہلاتے ہیں جو نظریانے کے عمل سے گزر کے تانیثی تھیوری بنتے ہیں۔تانیثی تھیوری نے ادب کے اندر عورت کی شناخت کو بنیادی سوال بنا کر پیش کیا ہے۔عورت کیا ہے؟ کیسے پیش کی گئی ہے؟ تانیثی تھیوری میں یہ سوالات مختلف انداز سے تجزیہ کیے جاتے ہیں۔

اردو نظم میں عورت کی شناخت کا مرحلہ بیسویں صدی میں نظر آتا ہے۔اس سے پہلے عورت ایک امدادی روپ میں موجود ہے۔عورت کا امدادی کردار نہ ہونے سے مراد اس کا معاشرے میں فعال نہ ہونا ہے۔عورت حاشیے پر ہی معاشرے کی تخلیقی وسماجی حرکات کا مطالعہ کرتی اور غائب ہوتی نظر آتی ہے۔اگر کوئی کردار ادا بھی کرے تو معاشرے کی مقتدر طاقتیں اُسے شناخت دینے سے انکاری ہوتی ہیں۔اُردو جس معاشرے میں پلی بڑھی وہاں عورت کو ایک آلہ کے طور پر استعمال کیا جاتا رہا۔یہ بھی دلچسپ بات ہے کہ عورت نے خود بھی اپنے اسی کردار پر اکتفا کیے رکھا۔تنویر انجم بھٹی نے اپنے ایک مضمون نسائی تحریک کا ارتقا میں برصغیر میں نسائی شعور کی تاریخ بناتے ہوئے نسائیت کو چار حصوں میں بانٹ دیا ہے۔13اگرچہ یہ تقسیم ان کی اپنی بنائی ہوئی اور نسائیت کو اپنے انداز سے سمجھنے کی کوشش ہے مگر وہ اس بات پر متفق ہیں کہ نسائی شعور کا پہلا مرحلہ انگریزوں کے عہد سے شروع ہوتا ہے۔وہ نسائیت کو اصلاحی، روشن خیال، ترقی پسند اور انقلابی نسائیت میں بانٹتی ہیں۔یہی وہ زمانہ تھا جب برصغیر میں نیا ادب کروٹ لے رہا تھا۔اُردو میں نئی نظم کا راگ الاپا جا رہا تھا۔نظم، ن م راشد کی کتاب ماورا کے بعد جدید نظم بن کر سامنے آتی ہے۔یہی دور ہیئتی تبدیلیوں کا بھی دور ہے۔نئی نظم اب آزاد نظم بن جاتی ہے۔

آزاد نظم میں عورت کے تشخص کو زیادہ جاندار طریقے سے پیش کیا گیا۔مگر یہاں بھی دو رویے ہیں۔ ایک رویہ عورت کو مرد کے تناظر سے دیکھتا ہے۔عورت کی صنفی شناخت مرد متعین کرتا ہے اور عورت کو عزت و وقار کی تقدیس بھی اپنی لگائی ہوئی قیمت پر پیش کرتا ہے۔اس رویے کے خلاف بھی ایک ردعمل سامنے آتا ہے۔اس حوالے سے کشور ناہید اور فہمیدہ ریاض کے نام صرف دو نام ہی نہیں بلکہ تانیثی نقطہ نظر کو سمجھنے کی طرف دو اسکول بھی ہیں۔فہمیدہ ریاض کی کتاب بدن دریدہ کی نظمیں عورت کو صنفی شناخت دیتی ہوئی ملتی ہیں۔یہ کتاب 1973 میں شائع ہوئی جب تانیثی تھیوری کا نام ونشان بھی اُردو میں موجود نہیں تھا۔فہمیدہ اردو میں پہلی دفعہ عورت کے اظہار کو

مرد کی عینک (جو اصل میں معاشرے کی پدرسری حاکمیت کا سرٹیفکیٹ ہے) سے دیکھنے کی بجائے آزادانہ اظہار کو اپنا وسیلہ بناتی ہیں۔اس کتاب پر بہت لے دے ہوئی۔عورت کی جنسی خواہش کے اظہار کو فحش گوئی اور بدتہذیبی قرار دیا گیا۔فہمیدہ ریاض نے اس تفریقی دانش وری کو ایک مثال سے یوں بیان کیا ہے کہ ایک نظم جب عورت لکھتی ہے تو وہی الفاظ عورت کے تناظر سے غیر مہذب اور غیر اخلاقی کہلائے جاتے ہیں جب کہ وہی الفاظ اگر مرد اپنی نظم میں استعمال کرتا ہے تو اپنے اظہار میں مہذب اور بااخلاق پیرائیوں سے باہر نہیں آتا۔فہمیدہ ریاض نے اپنی ایک نظم کی مثال میں ان دونوں رویوں کو سمجھانے کی کوشش کی ہے۔

عورت:

واہمہ ہے کہ اسی جھیل کی گہرائی میں
کوئی اثبات کا حرف
کوئی اقرار کہیں میری صدا سنتا ہے
دل مگر جانتا ہے
یہ مرا دل کہ فریب آشنا ہے
پتھر سے وصال مانگتی ہوں
میں آدمیوں سے کٹ گئی ہوں
چھوٹی وصل وفراق سے میں
انجان ڈگر پہ چل رہی ہوں
ہاں میرے وجود میں کجی تھی
اب خوش ہوں کہ اب بھٹک رہی ہوں

مرد:

پتھر سے وصال مانگتا ہوں
میں آدمیوں سے کٹ گیا ہوں
چھوٹا ہجر وفراق سے میں
انجان ڈگر پہ چل رہا ہوں
ہاں میرے وجود میں کجی تھی
اب خوش ہوں کہ اب بھٹک رہا ہوں

اس کایا کلپ کے بعد آپ کو نظم کا بالکل دوسرا مطلب سمجھ آئے گا۔آپ کہیں گے واللہ! شاعر کسی اہم

موضوع پر سوچ رہا ہے۔ اسے کوئی جستجو ہے، کوئی تلاش ہے وہ زندگی کے کسی دوراہے پر کھڑا ہے (جنس کے کسی دوراہے پر نہیں) ۴۴

آپ نے فہمیدہ ریاض کی مذکورہ نظم میں مرد اور عورت کے جذباتی اظہاری رویوں کا تجزیہ ملاحظہ کیا۔ ایک نظم اگر عورت لکھتی ہے تو عورت ایک لکھاری سے ایک صنف کا روپ دھار لیتی ہے اور جب وہی الفاظ مرد سے منسوب کئے جاتے ہیں تو وہ بطور فرد اپنا اظہار کرتے نظر آتے ہیں۔ اصل میں عورت کو مرد کے وسیلے سے پڑھا جا رہا ہے جو عورت کا غیر یعنی دی ادرز ہے۔

اُردو نظم میں عورت اپنی شناخت کی گم شدگیوں پر احتجاج کرتی ہی نظر آتی ہے۔ اُردو تانیثی نظموں کا غالب رجحان مرد اور سماج کے خلاف احتجاج کرنے کی طرف ہے۔ کچھ اسی قسم کا احتجاج مردوں کی تحریروں میں بھی ملتا ہے۔ مرد مصنفوں کی تحریریں بھی عورتوں کی غصب شدہ شناخت کا رونا روتی نظر آتی ہیں۔ گویا اُردو میں گائنوکریٹسزم کا مکتب اُس طرح جڑ نہیں بنا پایا جس طرح نسوانی تنقید اور نسوانیت نے راہ پائی ہے۔ کشور ناہید کے ہاں احتجاج زیادہ گہرا، جذباتی اور فنی مضبوطی کے ساتھ موجود ہے:

ستم شناس ہوں لیکن زبان بریدہ ہوں
میں اپنی پیاس کی تصویر بن کے زندہ ہوں
زباں ہے قرمزی، حدّت سے میرے سینے کی
میں مثلِ سنگ چیخ کے بھی سنگ خوردہ ہوں
شہید جذبوں کی قبریں سجا کے کیا ہوگا
کھنڈر ہوں، قامتِ شب ہوں، بدن دریدہ ہوں
پتھر میں لہو چمک اٹھے گا
دیوانے کے ہونٹ کاٹنے سے
خواہش میرا پیچھا کرتی رہتی ہے
میں کانٹوں کے ہار پروتی رہتی ہوں

دیکھنا یہ ہوگا کہ اگر عورت احتجاج کرتی ہے تو یہ احتجاج کس معنی یا قدر کے قیام کو رد کرنے کی سعی کرتا ہے؟ احتجاج کی نوعیت کن سوالوں پر اپنا مقدمہ پیش کرتی ہے؟ احتجاج کن اشیا یا فکروں سے ہے اور احتجاج نے عورت کی صنف کو اپنا اظہار کرنے دیا ہے یا احتجاج کا وہ طریقہ جو پدرسری معاشرے میں رائج ہے اُسے ہی نقل کیا ہے؟ عورت کے احتجاج کی پہلی نوعیت تو یہ بتاتی ہے کہ وہ اپنے موجودہ ثقافتی و سیاسی کردار سے مطائن نہیں۔ گویا عورت کا اپنی حدود میں بہت محدود اور اپنے اظہار میں فطرت سے مکالمہ کرنے کی بجائے احتجاج کا راستہ اختیار کر رہا ہے۔ دوسری نوعیت یہ ہے کہ یہ احتجاج مرد سے ہے جو مرد اساس معاشرے کا نمائندہ یا حاکم ہے۔ مذکورہ اشعار

کا لسانی تجزیہ کیجیے تو یہ دونوں نوعتیں سامنے آجاتی ہیں۔ایک عورت اور مرد کے لسانی انتخاب میں بھی واضح فرق ہوتا ہے۔ ستم شناس، زباں بریدہ، پیاس کی تصویر، سینے کی حدت، سنگ خوردہ، جذبوں کی قبریں، قامتِ شب، بدن دریدہ، لہو چمک اٹھے گا، کانٹوں کا ہار؛ ان لفظوں کی بائنری اپوزیشن کا مطالعہ کیجیے تو ایک بات تو واضح ہو رہی ہے کہ احتجاج کرنے والا اپنے تہذیبی اور ترجیحی تصورات کے حصار میں ہے اور اُس کی صنف وہ نہیں جس کے ساتھ یا جس کا احتجاج کیا جا رہا ہے۔ عموماً ستم شناس عورت ہوتی ہے مرد تو عورت کو ستم گر کہتا ہے۔ یہاں عورت زبان بریدہ ہے مگر عورت کی معاشرتی پہچان زبان درازی کے ساتھ منسوب کی گئی ہے جو کسی بھی حالت میں مرد کی قائم مقامی کو اختیار کرنے کی مجاز نہیں۔ گو یا احتجاج کا پہلا طریقہ تو یہ ہے کہ اپنے اظہار میں بھی وہ لفظ سامنے لائے جائیں تو احتجاج کا معنوی اعلان بھی کر رہے ہوں۔ عورت پیاس کی تصویر بنی ہوئی ہے۔ 'سینے کی حدت' عورت کا طرزِ اظہار ہے اگر مرد مرکز احتجاج ہوتا تو یہ سینے کی جلن کی صورت میں سامنے آتا۔ عورت سنگ خوردہ، قامتِ شب، بدن دریدہ ہے۔ جو معاشرتی سطح پر مرد اساس تصورِ احتجاج سے الگ لفظوں کا انتخاب لیے ہوئے ہے۔ کشور ناہید کی غزل کے چند اشعار کی قرأت ہمارے سامنے احتجاج کا تانیثی رُخ کھولتی ہے۔ اگر جینڈر پدرسری حاکمیت کے خلاف سراپا احتجاج ہے اور اُسے اپنی صنف سے آگاہ نہیں کر پا رہا تو یہ صنفی احتجاج صرف سطحی اور غیر فطری ہوگا۔ نسوانی تنقید یعنی دی فیمنسٹ کریٹسزم میں ہم عورت اور مرد کے ثنوی تخالف میں مرد اور عورت کے فطری امتیاز کو سب سے پہلے نشان زد کرتے ہیں۔ جو فکری سطح پر بعد میں اور سب سے پہلے لسانی سطح پر محسوس کیا جاتا ہے۔

ڈاکٹر عتیق اللہ نے عورت کے سماجی کردار اور دانشورانہ حصہ داری کے حوالے سے اپنے ایک مضمون میں کہا ہے:

اردو ادب کی تاریخ اور وہ بھی ماضی کی تاریخ شاعرات کے ذکر سے خالی نہیں ہے مگر حیرت کا مقام یہ ہے کہ ان میں ایک بھی دستخط نہیں ہے جس کی شناخت قابلِ ذکر قرار دی جا سکے۔ ہماری شاعرات نے کلام تو کیا مگر مکالمے سے وہ محروم رہیں۔ اس صورتِ حال کی جڑیں ہمارے اس قدری نظام میں گہری چلی گئی ہیں جو اپنے کسی بھی آخری شمار میں مبنی بر مرد ہے۔" ۵؎

ڈاکٹر عتیق اللہ نے عورت کی دانشورانہ حصہ داری کی تین سطحوں کو نشان زد کیا ہے۔

اول: عورت کا کلام

دوم: عورت کا مکالمہ

سوم: عورت کے دستخط

عورت جب اپنی صنف کے فطری احساس کے ساتھ کچھ کہنا چاہتی ہے تو وہ عورت کا کلام ہوتا ہے۔ عورت کسی سے مخاطب ہے یہ الگ بات کہ وہ کس سے مخاطب ہے اور وہ جس سے مخاطب ہے کیا وہ اُسے سننا بھی چاہ رہا ہے؟ یہ کلام عورت کی دانشورانہ حصہ داری کی پہلی شکل ہے۔ عورت پھر اپنے مخاطب کے ساتھ مکالمہ کرتی

ہے۔ یعنی عورت مرداساس معاشرے کی مقتدر ثقافتوں اور رسموں سے مکالمہ کرتی ہے۔ یہ قوتیں جو سماجی حرکت کی حاکمیت کی دعوے دار ہیں عورت کو اس قابل سمجھتی ہیں کہ اُسے سن سکیں یا اُس کے سوالوں کا جواب دے دیں۔ تیسرا مرحلہ عورت کے پورے وجود کو تسلیم کرنے کا ہے جہاں مرد اپنی پوری فطری شناخت کے ساتھ پہلے ہی موجود ہے۔ گویا عورت مرد کے برابر کی حصہ دار بن کے سامنے آتی ہے۔ عورت کا تصور اعلیٰ اقدار کی تجسیم بن جاتا ہے۔ عورت اور مرد کے صنفی امتیاز کا ترجیحی نظام ملیامیٹ ہو جاتا ہے۔ ''دست خط'' سے مُراد عورت کے فطری روپ کا عکس یا اپنی قائم مقامی کو مقتدرہ کے طور پر منظور کیا جانا ہے۔ مرد اپنی اس قائم مقامی کے ذہنی یا وجودی اثبات کے بغیر بھی مرد کی وہ تمام صفات کا فائدہ اُٹھاتا ہے جو مرداساس معاشرے نے ایک طاقت کے طور پر معاشرے میں رائج کر رکھی ہیں۔ مثلاً عورت کمزور ہے مرد طاقت ور۔ یا مرد زیادہ گہرا سماجی مطالعہ و تجزیہ رکھتا ہے جب کہ عورت معاشرے کے سطحی وژن کے ساتھ ادھورا اور نامکمل تجزیہ رکھتی ہے۔ اب اگر عورت مرد کی نسبت طاقت ور ہو یا زیادہ گہرا سماجی مطالعہ بھی رکھتی ہو مگر اُس کے دست خط کی عدم صورت پذیری اُسے محروم ہی رکھے گی اور اُس کے ساتھ ناانصافی کو مبنی بر انصاف خیال کیا جاتا رہے گا۔ اُس وقت شخصیت کا تشخص اپنے دست خط منعکس کرنے میں کامیاب ہوتا ہے جب شخصیت اپنے فطری وجود کے ساتھ سماجی حصہ داری میں شامل ہو اور اسے قبول بھی کیا جائے۔ عورت اس لیے بھی سراپا احتجاج ہے کہ عورت نے اگر سماجی حصہ داری نبھاہی بھی ہے تو مرداساس رسموں نے اس کی حصہ داری کو قبول نہیں کیا۔

عورت کا وجود سب سے پہلے اپنی شناخت پر پڑے بھاری پتھر کو ہٹانے کی تگ و دو میں ہے۔ یہ روایت اُردو کی قدیم تاریخ میں موجود ہے جب رنگین جیسا شاعر ریختی میں "گرچہ زنانی جیسی نبیلی نہیں ہوں میں ر لیکن آزار بند کی ڈھیلی نہیں ہوں میں''، جیسی تصویریں پیش کر گیا ہو وہاں عورت کی اصل شناخت کی دریافت کوئی معمولی مسئلہ نہیں تھا۔ عورت کے بدن کے دبیز پردے کے پار اُس کی روح تک پہنچنا ایک مشکل اور تہہ در تہہ بٹا ہوا سلسلہ تھا۔

کشور ناہید کی نظم میں عورت کے سماجی مرتبے اور بنیادی حقوق کے تحفظ کا احساس ملتا ہے۔ کشور نے نہ چاہتے ہوئے بھی عورت کو اپنے خطے کے مجموعی سماجی تناظر میں دیکھا ہے۔ کشور کی نظمیں عورت کے فمینن مرحلے کی بازیافت ہیں۔ اخلاقی اور سماجی بے توقیری، ونی کی رسمیں، سماجی بندھنیں اور مرد حاکمیت کی خلاف شدید احتجاج کشور کی نظموں کا بنیادی محرک ہے۔ کشور نے عورت کی شناخت عورت کی آزادی میں تلاش کی ہے۔ عورت پہلے گھر کی تنہائی میں قید ہے، پھر نئی زندگی کے نام پر ایک اور مرد کے حوالے کر دی جاتی ہے۔ کشور کی نظم موم محل میں اسی ایک خواب کو پیش کیا گیا ہے جو عورت اپنی نئی نسل کو منتقل کرتی ہے۔ یہ المیہ جینیاتی طور پر منتقل ہو رہا ہے:

میرے بیاہ سے پہلے میری ماں
خواب میں ڈر جایا کرتی تھی

ایک رات ماں سو رہی تھی اور میں جاگ رہی تھی
ماں بار بار مٹھی بند کرتی اور کھولتی
اور یوں لگتا کہ جیسے کچھ پکڑنے کی کوشش میں تھک کر
مگر پھر ہمت باندھنے کو مٹھی بند کرتی ہے
میں نے ماں کو جگایا
مگر ماں نے مجھے خواب بتانے سے انکار کر دیا
اس دن میری نیند اڑ گئی
میں دوسرے صحن میں آ گئی
اب میں اور میری ماں دونوں خواب میں چیخیں مارتے ہیں
اور جب کوئی پوچھے تو کہہ دیتے ہیں
ہمیں خواب یاد نہیں رہتے!

نظم کا پلاٹ عورت کی محدود دنیا کی عکاسی کر رہا ہے۔ ذرا دیکھیے کہ عورت کی دنیا کتنی محدود ہے؛ بستر اور صحن۔ ماں بار بار مٹھی کھولتی اور بند کر رہی ہے اور لگتا ہے کچھ پکڑنے کی کوشش کر رہی ہے۔ ماں کی سوئی ہوئی کیفیت (جو اصل میں اس کی جاگی ہوئی حالت ہے) بھی ایک عورت دیکھ رہی ہے۔ صرف دیکھ ہی نہیں رہی بلکہ محسوس بھی کر رہی ہے۔ گویا وہ اپنی ماں کا خواب اپنی آنکھوں سے دیکھ رہی ہے۔ مٹھی باندھنا اور بار بار باندھنا کس قدر بے بسی کی تصویر ہے۔ پورے وجود کی ناکامی وجود کے خوابوں، جذبوں اور فکروں کے ساتھ ملیا میٹ ہوتا محسوس ہوتا ہے۔ وہ کیا پکڑنا یا اپنی مٹھی میں قید رکھنا چاہتی ہے، یہ صرف ایک عورت محسوس کر سکتی ہے۔ ایک عورت اس خواب کو اپنے وجود میں اتار کر ایک اور 'صحن' میں چلی آتی ہے۔ یہاں یہ بات بھی یاد رہے کہ اس گھر میں مرد بھی ہوں گے یا عورت کئی مردوں کے تناظر میں پہلے ہی موجود ہیں۔ کیا وہ بھی اپنی ماں کی ان بار بار مٹھیوں کو کھولتے اور بند ہوتے محسوس کر سکتے ہیں؟ نہیں؛ اس لیے کہ وہ صحن تک محدود نہیں۔ ان کی بے بسی صنفی حدود میں مقید نہیں اور نہ ہی انھوں نے ایک 'صحن' کی زندگی کے بعد ایک اور 'صحن' تک کا سفر طے کرنا ہے۔ کشور کی نظموں میں عورت اس آزادی کی طالب ہے جو اسے عورت کے پروں سے اڑنے کی طاقت عطا کرے۔ اسی لیے وہ مرد حاکم معاشرے میں عورت کی سماجی، تاریخی اور نفسیاتی آزادی کے لیے جدوجہد کرتی نظر آتی ہے۔ عورت کا صحن اس کا قید خانہ ہے جہاں سے اسے کھلے آسماں تک دیکھنے کی آزادی ہے۔ مگر گھر کی دیوار سے باہر دیکھنا اس کی فطری پابندی کے طور پر نافذ ہے۔ ویسے بھی 'صحن' کی محدود وسعت میں آنے والا آسمان کتنا وسعت یافتہ ہو سکتا! اس طرح صرف صحن بدلتے ہیں، عورت، باپ مرد کے گھر سے شوہر مرد کے گھر میں منتقل ہو جاتی ہے مگر سماج جو دیوار کے پیچھے ہے، اسے

اپنی آنکھ عطا نہیں کرتا۔ کشور کا احتجاج اور عورت کے حقوق کی جنگ اردو شاعری میں فیمینن مرحلے کی دریافت ہے۔

فہمیدہ ریاض نے اپنے اندر کی عورت کا برملا اظہار چاہا ہے۔ فہمیدہ کی نظمیں ایک عورت سے زیادہ ایک انسان کی آواز معلوم ہوتی ہیں۔ فہمیدہ کو اپنے عورت پن سے زیادہ اپنے انسان ہونے پر زیادہ اعتماد ہے۔ وہ عورت کو عورت پن سے نکال کے ایک انسان کی بصیرت اور سماجیت عطا کرنا چاہتی ہے۔ جنسی رویوں میں بھی فہمیدہ کا اظہار مرد اور عورت کے تخصیص کا قائل نہیں۔ میرے خیال میں جنسی رویوں کے بے باک اظہار میں جس طرح فہمیدہ کا تانیثی اظہار سامنے آیا ہے، وہ اردو کی کسی عورت کے ہاں اتنا قوی نہیں اور نہ ہی اتنا ہی مرد اساس تناظر سے آزاد ہے۔

یہ کیسی لذت سے جسم شل ہو رہا ہے میرا
یہ کیا مزا ہے کہ جس سے ہے عضو عضو بوجھل
یہ کیف کیا ہے کہ سانس رُک رُک کر آ رہا ہے
یہ میری آنکھوں میں کیسے شہوت بھرے اندھیرے اُتر رہے ہیں
لہو کے گنبد میں کوئی در ہے کہ وا ہُوا ہے
یہ چھوٹتی نبض، رُکتی دھڑکن، یہ ہچکیاں سی
گلاب و کافور کی لپیٹ تیز ہو گئی ہے
یہ آہوی بدن یہ بازو کشادہ سینہ
مرے لہو میں سمٹتا سیّال ایک نکتے پر آ گیا ہے
مری نسیں آنے والے لمحے کے دھیان سے کھنچ کے رہ گئی ہیں
بس اب تو سر کا دوُرخ پہ جادو
دیئے بجھا دو

کیا عورت اور مرد کے شہوت بھرے اندھیرے اپنی فطری جذباتیت میں تہذیبی اور غیر تہذیبی ہوتے ہیں؟ ایک ہی طرز کا جنسی اظہار ثنوی تخالف میں دو الگ الگ طرز اظہار کیوں محسوس ہوتا ہے؟ انتقادنسواں یعنی گائنو کریٹسزم کا اسکول عورت کے وجود کو مرکز موضوع بناتا ہے۔ انتقادنسواں کے ناقدین کا دعویٰ ہے کہ عورت اپنے فطری اظہار میں مکمل اور کسی غیر یعنی دی ادرز کی محتاج نہیں۔ اگر ایک صنف کی پہچان ہی کسی غیر کے ذریعے ہو گی تو وہ اسی صنف یعنی جینڈر کے تناظر سے تہذیبی یا غیر تہذیبی کہلائے گا۔ انتقادنسواں نے عورت کے وجود کو پہلا تجزیاتی محرک بنایا ہے۔ ذرا اس نظم کے جنسی اظہاریے کا ثنوی تقسیم کے بغیر مطالعہ کیجیے۔ جنسی لذت کی طلب ،عورت کو مدافعانہ کی بجائے جارحانہ بنا دیتی ہے۔ عورت کی جارحیت بھی تو مرد اساس تجزیے میں منفعل کہلائے گی؛ کیوں کہ جنسی وصال میں عورت کا جارحانہ عمل ایک غیر مناسب اور کسی حد تک غیر فطری تصور کیا جاتا ہے مگر

عورت کے تناظر سے جب لذت نے عورت کے اعضا کو شل کر دیا تو وہ جنسی فعل میں فاعل ہو جائے گی اور مرد اس کے برعکس۔ اس پوری نظم میں عورت کا نفسانی متحرک وجود نظر آ رہا ہے۔ مرد جنسی تحرک میں تیز سانس لینے کا اظہار کرتا ہے جب کہ عورت رُک رُک کے سانس چلنے کا کہہ رہی ہے۔ یہ چھوٹتی نبض، رُکتی دھڑکن، یہ ہچکیاں سی عورت کا وجودی مسئلہ بن جاتے ہیں۔ مرد جنسی عمل میں ایسی بے ربطی اور ذات سے انحراف کا عمل نہیں دُہراتا۔ عورت کا اپنے بدن کو آہو سے تشبیہ دینا اور نسوں کو اپنے ماحول سے بے خبر کر دینا، عین تانیثی طرز اظہار ہے۔ یہ نظم غیر مہذب اس لیے لگ رہی ہے کہ عورت کا وجود مردانہ طرزِ اظہار کے قریب چلا گیا ہے۔ مرد جب اپنے وجود کا جنسی اظہار کرے گا تو ایسے کرے گا۔ مگر عورت کا تصور مرد معاشرے میں تقدیس اور طہارت سے مزین ہے کیوں کہ وہ مردوں کی کے لیے زینت بنائی گئی ہے۔ اگر مرد کو بھی اپنے مقابلے کی جنسی مخالفت کا سامنا کرنا پڑے گا تو وہ کیسے پدرسری رویوں کی حاکمیت کا دعویٰ کرے گا! جنسی اظہاریے کو طاقت اور مردانگی سے جوڑنا بھی مرد حاکمیت کا ایک ہتھیار ہے؛ عورت جس سے دستبردار ہو کے اپنی فطرت کے کرب میں مبتلا ہے۔

کشور اور فہمیدہ کا یہی بنیادی فرق ہے۔ کشور عورت کی سماجی آزادی جو تاریخی طور پر اس پر مسلط کر دی گئی ہے، اس کے خلاف ہے؛ جب کہ فہمیدہ بطور ذات اور فرد اپنی اندر کی عورت کی آزادی کا اظہار چاہتی اور کرتی نظر آتی ہے۔ کشور اسی آزادی کی (جو ہر عورت کے معروض سے جنم لیتی ہے) معاشرتی قید کے خلاف سراپا احتجاج ہے۔ کشور کو معاشرہ قید کرتا نظر آتا ہے، خواہ وہ جنسی آزادی ہو یا سماجی آزادیاں مگر فہمیدہ اپنی ذات کے محدود اظہار کی آزادی کی طالب نظر آتی ہے۔ گویا فہمیدہ کا جذبہ، تجربہ اور احتجاج ذات کے احاطے سے اپنا ہیولا تیار کرتا ہے۔ پانی کے ایک ہی جگہ پر بڑے بھنور کا نشان بنتا ہے یا ایک ہی جگہ کسی آگ کے بڑے الاؤ کی اٹھان بنتا ہے مگر کشور نے عورت کے جنس، سماج اور دانش پر کھڑی رکاوٹوں پر پورے زمانے، معاشرے اور گروہ کے تناظر سے احتجاج کیا ہے۔ فہمیدہ کا تانیثی مطالعہ مائیکرو مطالعہ ہے جو اس لیے زیادہ حقیقت پسند، کڑوا اور ہیجان انگیز ہے جب کہ کشور ناہید کا تانیثی مطالعہ میکرو مطالعہ ہے جو کڑواہٹ سے زیادہ منطقی، وسیع اور پریشان کن ہے۔

سارا شگفتہ اردو نظم میں تانیثی مطالعے کی سب سے جاندار آواز ہے۔ انتقادِ نسواں کا اطلاقی مطالعہ جس طرح سارا شگفتہ کی نظموں کے حوالے سے کیا جا سکتا ہے شاید اُردو کی کسی اور شاعرہ سے نہیں۔ سارا شگفتہ کی تانیثیت عورت کے حیاتیاتی وجود کی روشنی لیے ہوئے بدن کے روزن سے جھانکتی ہے۔ عورت کیا ہے؟ عورت کیا نہیں؟ عورت کو کیا ہونا چاہیے؟ اور عورت کیوں وہ نہیں جو وہ تھی؟ یہ وہ بنیادی سوال ہیں جو سارا کے کربناک وجود سے ایک عورت بن کر صفحہ در صفحہ پھیلے ہوئے ہیں۔ سارا شگفتہ کا کمال یہ ہے کہ اُس نے اپنے انسان ہونے کے ساتھ ہی اپنے عورت ہونے کے احساس کو باور کرایا ہے۔ بلکہ وہ کہیں کہیں انسان سے زیادہ ایک عورت بن جاتی ہے۔ سارا شگفتہ کی خودکشی ایک انسان کی نہیں ایک عورت کی موت تھی۔ سارا شگفتہ کو انتقادِ نسواں کا مطالعہ کیوں نہیں بنایا گیا؟ اس لیے کہ اس خطے میں عورت کا وجود صرف ایک احتجاج سے زیادہ تسلیم ہی نہیں کیا گیا۔ عورت اپنے

وجودی گرہوں میں سماج کے ساتھ کس طرح پیوست ہے اس بندھن کو کسی نے پہچاننے کی کوشش ہی نہیں کی۔ سارا نے چند ایک نظموں میں اپنے وجود کی اس تشنگی کو اپنی ہتھیلی پر اُلٹ دیا ہے۔ وہ اپنے وجود کی اکائی سے عورت کی دہشت زدہ تاریخ کے صفحات پر روغن کرتی ہے۔ سارا کی نظمیں اس خطے کا نہیں پوری انسانی تہذیب کے تانیثی نوحہ معلوم ہوتی ہیں۔

میں نے موت کے بال کھولے
اور جھوٹ پہ دراز ہوئی
نیند آنکھوں کے کنچے کھیلتی رہی
شام دو غلے رنگ سہتی رہی
آسمانوں پہ میرا چاند قرض ہے
میں موت کے ہاتھ میں ایک چراغ ہوں
جنم کے پہیے پر موت کی رتھ دیکھ رہی ہوں
زمینوں میں میرا انسان دفن ہے
سجدوں سے سر اٹھالو
موت میری گود میں بچہ چھوڑ گئی ہے!

سارا شگفتہ کا مسئلہ سماجی ناہمواری اور اپنی معاشرتی شناخت کا رونا نہیں۔ سارا کے پاس بہت بڑے بڑے سوال ہیں۔ وہ ایک عورت کے تشخص کے ازلی قیدی ہونے پر سراپا احتجاج بھی ہے اور اپنے گھٹن کے جبلی جذبوں کی متلاشی بھی۔ موت کا استعارہ سارا کے وجود کے پھیلاؤ کو سمیٹ لینا چاہتا ہے۔ ایک عورت اپنے پھیلاؤ میں کن زمانوں اور زمینوں پر حاوی ہوسکتی ہے سارا شگفتہ نے اس آفاقیت کو اپنے دکھ بھرے اور حساس آنچ میں پکے جذبوں میں پیش کیا ہے۔

روٹھ روٹھ جاتی ہوں مرنے والوں سے
اور جاگ اٹھتی ہوں آگ میں
گونج رہی ہوں پتھر میں
ڈوب چلی ہوں مٹی میں
کون سا پیڑ سا آگے گا
میرے دکھوں کا نام بچہ ہے
میرے ہاتھوں میں ٹوٹے کھلونے
اور آنکھوں میں انسان ہے

بے شمار جسم مجھ سے آنکھیں مانگ رہے ہیں
میں کہاں سے اپنی ابتدا کروں
آسمانوں کی عمر میری عمر سے چھوٹی ہے
پرواز زمین نہیں رکھتی
ہاتھ کس کی آواز میں
میرے جھوٹ سہہ لینا
جب جنگل سے پرندوں کو آزاد کر دو
چراغ کو آگ چھکتی ہے
میں ذات کی منڈیر پر کپڑے سکھاتی ہوں

سارا کی لائنوں پر غور کیجیے جب وہ اپنی عمر آسمانوں کی عمر سے بڑی بتاتی ہے جب وہ ذات کی منڈیر پر کپڑے سکھاتی نظر آتی ہے۔ فطرت کے ساتھ معانقہ فطرت کی ایما پر نہیں بلکہ اضداد کے رشتے پر قائم کیا جاتا ہے۔ سارا کا جذبہ تانیثیت کے مجموعی مزاج کے کئی اطراف پھیلا ہوا ہے جسے نفسیاتی، معاشرتی اور تاریخی تناظر سے زیادہ عورت کے وجود کے کشفی مراحل کی دریافت میں ڈھونڈا جا سکتا ہے۔ ڈاکٹر قاضی افضال حسین نے سارا شگفتہ کی نظموں کو تانیثی اظہار کا نیا رُخ بتایا ہے۔ یاد رہے کہ سارا کی نظم کسی ایک کنٹینٹ کا تشریحی اظہاریہ نہیں ہے۔ نظم اپنے وجود میں کئی تمثالوں اور کسی طرح کی فکروں کا ادغام رکھتی ہے جو مختلف جھلکیوں یعنی فلیشز میں اپنا مدعا بیان کرتی جاتی ہے۔ وہ لکھتے ہیں:

استعارہ سازی کے روایتی طریقہ کار کی بجائے سارا نے نظم کی تعمیر میں مجاز کی دوسری اقسام سے کام لیا ہے۔ مثلاً اسما کی جگہ ان کی صفات یا اشیا سے منسوب اپنے تجربات کو خود اشیا کی جگہ نظم کر کے سارا نے تخلیقی زبان کی ایک یک سرنئی جہت ایجاد کی ہے... لفظ کے مجازی اور لغوی، دونوں جز متن میں موجود رہتے ہیں۔ ۶

عورت کے شخصی وجود کا مطالعہ سارا شگفتہ کی نظموں کے لسانی مضمرات میں نظر آتا ہے۔ قاضی افضال نے مجاز کی ایک دوسری قسم یعنی اشیا یا اسما کی جگہ اُن کے تجربات کا پیش کیا گیا ہے۔ یوں لفظ کے مجازی اور لغوی دونوں معنی متن کی بالائی اور زیریں سطح پر موجود رہتے ہیں۔ یہ آزاد نظم کا جدید ترین لہجہ اور طریقہ اظہار ہے مگر سارا نے پہلے اس طرزِ تحریر کو اپنی نظموں میں استعمال کیا۔ سوال پھر بھی موجود ہے کہ اگر یہی طرزِ اظہار مرد بھی استعمال کرے تو کیا ثنوی تخالف یعنی بائنری اپوزیشن کا وجود ختم ہو جائے گا؟ یہی تجزیہ انتقادِ نسواں کی بنیاد پر لسانی تجزیہ ہوگا۔ سارا کی نظموں نے کنٹینٹ کا بکھراؤ اور غیر منطقی یا غیر روایتی نہ ہونا اتنا بڑا مسئلہ نہیں جتنا اس غیر روایتی طریقے میں شعری اظہار کی ضرورت کا محسوس کرنا ہے۔ سارا نے اپنی نظموں کے لیے لفظ کے لغوی اور مجازی دونوں معنوں کا ایک دوسرے کے ساتھ اورلیپ کرنے کی غیر شعوری کوشش کیوں کی۔ کوشش کبھی غیر شعوری نہیں ہوتی

ہمیشہ شعوری کاوش ہوتی ہے۔ سارا کا یہ معاملہ اُلٹ ہے۔ سارا نے غیر شعوری طور پر جو ڈرافٹ تیار کیا وہ عورت کی مخفی لطافتوں اور حیاتیاتی مجبوریوں کو پیش کرنے کا طریقہ بھی ہے۔

عورت کا سماجی کنٹینٹ بھی اسی طرح ٹوٹ پھوٹ کا شکار ہے مگر اندر سے عورت کا تانیثی متن اتنا ہی مربوط اور مرد متخالف رویوں سے بھرا پڑا ہے۔ مذکورہ بالا نظم کے منتخب حصے میں متن کے بالائی اور زیریں متن کی دونوں حالتوں میں عورت کی تانیثیت کا تجزیہ کیجیے:

روٹھ روٹھ جاتی ہوں مرنے والوں سے
اور جاگ اُٹھتی ہوں آگ میں
گونج رہی ہوں پتھر میں
ڈوب چلی ہوں مٹی میں
کون سا پیڑ سا اُگے گا
میرے دکھوں کا نام بچہ ہے
میرے ہاتھوں میں ٹوٹے کھلونے
اور آنکھوں میں انسان ہے
بے شمار جسم مجھ سے آنکھیں مانگ رہے ہیں

یہاں تانیثی موضوع انسانی یعنی فیمنسٹ سبجیکٹ اپنا اظہار کر رہا ہے۔ 'مرنے والوں سے روٹھنا' نسائی رویہ اور نسائی اظہاریہ ہے۔ کم زور وجود ہی روٹھتا ہے۔ روٹھنا بھی ایک قسم کا احتجاج ہے، اس شخص یا واقعے یا ادارے کے خلاف جس سے وابستہ توقعات کی شکست ہوئی ہو۔ جدید اردو نظم کی عورت تو ہے ہی شکست کی آواز۔ آگ، پتھر، ٹوٹے کھلونے، مٹی میں بیج کی طرح ڈوبنا، اور کسی پیڑ کے اُگنے کا سوچنا، یہ سب نسائی استعارے اور اشارے ہیں۔ یہاں صرف دو سطروں پر غور کیجیے: 'میرے ہاتھوں میں ٹوٹے کھلونے / اور آنکھوں میں انسان ہے'، کون سے ٹوٹے کھلونے؟ کیا اپنے مرے ہوئے بچے کے ٹوٹے کھلونے ہیں یا خود عورت کا وجود ایک ٹوٹے کھلونے کی صورت اختیار کر گیا ہے، جسے وہ خود ہی اٹھائے رکھنے، اور اپنی شکست کی اذیت سے گزرنے پر مجبور ہے؟ ہاتھوں میں ٹوٹے کھلونے ہیں، مگر آنکھوں میں انسان ہے جو ثابت و سالم وجود کی علامت ہے۔ گویا عورت کا حقیقی تجربہ ٹوٹ پھوٹ کا ہے، مگر اس کی نظر میں ثابت و سالم وجود ہے۔ نظم کی آخری لائن میں جن بے شمار جسموں کے آنکھیں مانگنے کا ذکر ہے، اس کا مفہوم بھی اب سمجھ میں آتا ہے۔ بے شمار جسم وہ نظر طلب کرتے ہیں، جو ثابت و سالم انسانی وجود کو دیکھ سکتی ہے۔ پدرسری سماج میں عورت جسم ہے، بغیر نظر کے۔ تانیثی متن اس کے خلاف احتجاج کرتا ہے، اور اس کی ردّ تشکیل کرتا ہے۔

حواشی وحوالہ جات:

1۔ میں نے اپنے طور پر شووالٹر کے تین مرحلوں کو تین الگ الگ نام دینے کی کوشش کی ہے۔ اردو میں نسوانیت، تانیثیت میں کوئی فرق نہیں کیا جاتا۔ مگر شووالٹر کو پڑھتے ہوئے ان لفظوں کے انگریزی مترادفات میں بہت گہرا فرق ہے۔ اسی طرح تانیثی تحریک، تانیثی تنقید اور تانیثی تھیوری میں بھی فرق نہیں کیا جاتا۔ اس مقالے میں ان لفظوں کو خاص احتیاط سے برتنے اور ان کے مترادفات کا اُن کے سیاق وسباق میں استعمال کرنے کی کوشش کی گئی۔

تانیثیت یعنی فیمینزم ادب کے اندر تانیثی تنقید اور تانیثی تھیوری کا ماحصل ہے جو مجموعی طور پر ان سب رجحانات کا نمائندہ ہے جو عورت کے مطالعات کے ضمن میں پیدا ہوتے ہیں۔

2۔ شووالٹر کا اصل متن یہ ہے:

"A cultural theory acknowledges that there are important differences between women as writers: class, race nationality, and history are literary determinants as significant as gender. Nonetheless, women146s culture forms a collective experience within the cultural whole, an experience that binds women writers to each other over time and space."

3۔ تنویر انجم بھٹی: اردو میں نسائی شعور، مشمولہ 'روشنی کی آواز'، مرتب: فاطمہ حسن، آصف فرخی، وعدہ کتاب گھر، کراچی 2003

4۔ فہمیدہ ریاض: دفترِ امکاں، مشمولہ 'خاموشی کی آواز' وعدہ کتاب گھر، صدر کراچی، 2003، ص 47

5۔ خواتین کی نظموں میں فکر کے اسالیب، ڈاکٹر عتیق اللہ، مشمولہ مضمون در 'اردو ادب کو خواتین کی دین' اردو اکادمی دہلی، 1994، ص 55

6۔ قاضی افضال حسین: متن کی تانیثی قرات، مشمولہ 'مابعد جدیدیت: نظری مباحث' مرتب: ناصر عباس نیر، بیکن بکس، ملتان، 2014، ص 246

(بشکریہ دیدبان، شمارہ 3)

تانیثی ادب کی شناخت اور تعین قدر

ابوالکلام قاسمی

نئے ادبی نظریہ سازوں نے ادب کے ان تمام سکّہ بند معیاروں پر سوالیہ نشانات قائم کیے ہیں جن کے سبب، بالادست فکری اور ادبی طبقات کو ماضی کے ادبی اظہار (Discourse) میں مرکزیت اور مثالی حیثیت حاصل رہی ہے۔ ادب کی روایت میں آفاقی اصولوں کا تصور ہو یا جاگیردارانہ مسلمات کی قطعیت، غالب سماجی اداروں کی اجارہ داری ہو یا پدرانہ نظام پر قائم سماجی تصورات اور جنسی تفریق کی بالادستی، اس نوع کے سارے معیارات گزشتہ برسوں میں شدت کے ساتھ زیر بحث آئے ہیں۔ ان مباحث کے ماحصل کے طور پر لسانی، ثقافتی اور جنسی اکائیوں کی طرف سے روایتی طور پر تسلیم شدہ اصول و معیار کی نفی پر اصرار بڑھ گیا ہے اور اپنی شناخت کا مسئلہ بنیادی اہمیت اختیار کر گیا ہے۔ بسا اوقات یہ اصرار تشخص کی تلاش کے حوالے سے مسلّمہ اقدار پر خطِ تنسیخ کھینچنے کی صورت میں سامنے آیا۔ تشخص کی تلاش و جستجو کی اس کوشش نے جنسی تفریق پر قائم معاشرے کے فکری اور ادبی اظہارات کی بحث کو ادبی مباحث کے مرکز میں لا کھڑا کیا ہے۔ اس طرح تانیثیت کا مسئلہ نظری اعتبار سے ایک اہم مابعد جدید مسئلہ بھی بن گیا ہے۔ ورجینیا وولف سے لے کر سیمون دی بوائر تک کے درمیانی وقفے میں ادبی درجہ بندی کے جو مباحث سامنے تھے ان کی حیثیت کہیں طبقاتی اور کہیں نفسیاتی درجہ بندی کی تھی۔ مگر ان دونوں دانش ور خواتین کی تحریروں نے معاصر تانیثی تصورات کی تشکیل جدید کے لیے نئی بنیادیں فراہم کیں۔ یہی سبب ہے کہ مسئلہ، نسائی شناخت کا ہو، تانیثی نظریے کا یا تانیثی تنقید کا ان کی تحریروں سے کسبِ فیض کرنے کی کوشش تقریباً ہر نئی کتاب اور تحریر میں دکھائی دیتی ہے۔

اس میں کوئی شک نہیں کہ اُردو کے حوالے سے تانیثی ادب کی شناخت کے مسائل من و عن وہ نہیں ہو سکتے جن سے مغرب کے تانیثیت پسند مصنّفین دوچار ہیں۔ اس لیے کہ ان کی گفتگو کی اساس نمایاں طور پر مغربی

زبانوں کے فکشن اور شاعری کے نمونوں پر قائم ہے۔ تاہم کچھ موازنے کی سہولت کی خاطر اور بڑی حد تک نظریاتی بنیادوں کے تعیّن اور تفہیم کی غرض سے مغربی تانیثیت کی مبادیات سے رجوع کرنا موضوع گفتگو کے تقاضوں کے عین مطابق ہوگا۔

اس تفصیل میں جانا سردست غیر ضروری ہے کہ ورجینیا وولف کی کتاب "A Room of ones own" اور سیمون دی بوائر کی کتاب "The Second sex" نے کیوں کر تانیثی نقطۂ نظر کی ضرورت کا احساس دلایا اور اس بات کی اہمیت واضح کی، مغرب میں ادبی تخلیق اور تنقید کس طرح صدیوں سے رائج پدری نظام کی بنیاد پر قائم تہذیب کی عکّاسی کرتی ہے۔ اس پس منظر میں اُردو کے حوالے سے بھی اس وقت تک تانیثیت پسند نقطۂ نظر کو سمجھنا مشکل ہوگا، جب تک ہم پدری نظام میں مرد کی مرکزیت اور عورت کو غیر سمجھنے کے رویّے کو نشان زد نہ کرلیں اور یہ اندازہ نہ لگالیں کہ جنسی ثنویت کی نشان دہی جن تحریروں کے وسیلے سے کی جاسکتی ہے ان کو مغرب میں کس تجزیاتی طریقِ کار کے ذریعے زیرِ بحث لایا گیا ہے۔ ڈیل اسپنڈر اور ٹورل موئی نے تانیثی ادبی نظریات کو جس طرح مرتّب کیا ہے اس کی رو سے مغرب، مرد کی مرکزیت کے تصور کا ایسا عادی ہے کہ اس میں عورت اپنے آپ محکوم یا غیر بن کر رہ جاتی ہے۔ چنانچہ بیشتر ادبی تحریروں میں اس تفریق کا عکس اس طرح منتقل ہوا ہے کہ مرد کرداروں کے مقابلے میں عورت کا کردار نصف بہتر کے بجائے نصف کہتر کے نمونے پیش کرتا ہے۔ اس صورتِ حال میں مردانہ رویّوں کی بالادستی کے سبب مرد ادیبوں کی تحریریں صرف مردوں کے لیے لکھی ہوئی معلوم ہوتی ہیں۔ اس لیے اس رویّے کی مزاحمت کی خاطر ایک ایسے زاویۂ نظر کی شدید ضرورت محسوس کی گئی جو جنسی عدم توازن اور افراط وتفریط کو نشان زد کرسکے اور قدیم وجدید ادب کی قرأت ثانی یا قرأت مختلف پر اصرار کرسکے۔ اس طرزِ مطالعہ کو مزاحمتی قرأت کا بھی نام دیا گیا ہے۔ اس تبدیل شدہ طرزِ مطالعہ نے واضح کیا کہ ہم نے اب تک مرد کے ساتھ متحرک، بہادر اور تعقّل پسند جیسے اوصاف اور عورت کے ساتھ مجہول، کمزور اور جذباتی جیسی منفی صفات وابستہ کررکھی ہیں؛ اس طریق تنقید نے تانیثی زبان کے مسئلے کو ازسرِ نو بحث کا موضوع بنایا ہے اور جملوں کی ساخت، ڈسکورس کی مختلف اقسام اور تانیثی زبان اور اسلوب کے عناصر کی تلاش کو گزشتہ برسوں میں ایک طاقت ور رجحان کی صورت میں تبدیل کردیا ہے؛ رولاں بارتھ کی معنیات اور دریدا کی لاتشکیل کی مدد سے تانیثیت پسند مصنّفین کے ایک حلقے نے لسانیاتی مطالعہ کی نوعیت تبدیل کردی ہے۔ ان نظریہ سازوں کا بنیادی مسئلہ ایسی نسائی زبان کی اختراع ہے جو پدری بنیاد پر قائم نظام کی توثیق نہ کرے۔

تاہم یہ بات وضاحت کی محتاج ہے کہ تانیثیت ادبی قدر کا نعم البدل کیسے بن سکتی ہے؟ ادب کے قاری کے لیے تانیثی رجحان یا طریق تنقید سے تانیثیت کی شناخت تو بڑی حد تک قائم ہوجاتی ہے، مگر ادب کو ادب کی حیثیت سے پڑھنے اور اس کی پرکھ کی معیار بندی کرنے کا مسئلہ ہنوز اپنی جگہ برقرار رہتا ہے۔ اس لیے کہ دوسری طرح کی موضوعاتی شناخت کی طرح تانیثی نقطۂ نظر کو بھی بجائے خود فنّی معیار کا نام تو نہیں دیا جاسکتا، البتہ اس طرز

نسائی مزاحمت

مطالعہ سے موضوعاتی اور تہذیبی توازن کا نظام ضرور قائم کیا جاسکتا ہے۔ جہاں تک ادبی قدر کی معیار بندی کا سوال ہے تو اس کا تعیّن بہرحال شعریات کے عمومی اصول وضوابط ہی کریں گے۔

تانیثی نظریے کے اس پس منظر کو یوں تو مغرب اور مشرق کی کسی بھی زبان کے ادب کے مطالعہ کی بنیاد بنایا جاسکتا ہے۔ ویسے اگر اُردو کے خصوصی حوالے سے تانیثی ادب کی شناخت قائم کرنے کی کوشش کی جائے تو مغرب کی زبانوں کے مقابلے میں اُردو کا معاملہ زیادہ افراط وتفریط کا شکار دکھائی دیتا ہے۔ ہمارے معاشرتی نظام کے زیرِ اثر ادب میں بھی پدری نظام کی بالادستی شعوری سے کہیں زیادہ تحت الشعوری گہرائیوں میں پیوست ہے کہ خود عورتیں بھی عموماً جنسی تفریق پر قائم اپنے ادبی سرمایے پر قانع ہیں، اور ان کے رویّے اپنی محکومیت کے رجحان کو تقویت دینے میں کچھ کم معاون نہیں۔ اس بات میں کوئی مضائقہ نہیں کہ خواتین اپنے نسائی رویّوں سے بلند ہو کر فلسفیانہ یا دانش ورانہ سطح پر ان ہی ذہنی اور فکری مسائل اور واردات کو اپنے ادب کا موضوع بنائیں جن سے مرد و زن یکساں طور پر دوچار ہیں۔ مگر جس سماج میں طبقاتی کش مکش، زیردستوں کی حمایت اور معاشرے کی پس ماندہ اکائیوں کے مسائل کا احساس، ادب کے اہم موضوعات بن سکتے ہیں وہاں جنسی تفریق کے مسئلے کو نشان زد کرنے سے چشم پوشی مقام حیرت ہی نہیں مقام غیرت بھی معلوم ہوتی ہے۔

مطالعہ کی سہولت اور ارتکاز کی خاطر اگر شاعری کے حوالے سے اُردو میں تانیثی رجحان کو سمجھنے کی کوشش کی جائے تو اندازہ ہوتا ہے کہ گزشتہ کئی صدیاں اُردو میں نسائی اظہار کے وجود سے ہی بڑی حد تک عاری ہیں۔ ظاہر ہے کہ جس معاشرے میں عرصے تک خواتین علمی و ادبی سرگرمیوں کا حصّہ ہی بن پائی ہوں اس میں نسائی مسائل اور تانیثی نقطۂ نظر کی تلاش زیادہ سود مند ثابت نہیں ہوسکتی۔ لیکن گزشتہ چند دہائیوں میں خاتون ادیبوں اور شاعروں کی معتدبہ تحریریں کچھ اس تنوع کے ساتھ سامنے آئی ہیں کہ ہم ان کی بنیاد پر نسائی رویّوں کی نوعیت کا تعیّن ضرور کرسکتے ہیں۔ جہاں تک مرد ادیبوں کی تحریروں میں عورت کی امیج کا سوال ہے تو اس سلسلے میں طبقاتی سماج کی ناہمواریوں کی نشان دہی کے دعوے دار شاعروں تک کے یہاں طبقہ اُناث سے ناانصافی کی مثالیں کثرت سے ملتی ہیں۔ اس ضمن میں باقر مہدی کی یہ رائے عبرت ناک صورت حال کو نمایاں کرتی ہے کہ:

''خود ترقّی پسند اور جدید ادیبوں اور شاعروں کی تحریریں عورت کی جذباتی اور معاشرتی کش مکش کو مسخ کرکے پیش کرتی رہی ہیں۔ خواہ وہ راشد کی نظم میں ہم رقص ہو یا مجاز کی 'آنچل کو پرچم بنانے والی باغی لڑکی' ہو، عورت کے جسم و ذہن کی اتنی ہی اہمیت ہو جتنی مرد کی، کہیں نظر نہیں آتی، اور غزل کی حکمرانی نے عورتوں پر تغزل کے دروازے اس طرح بند کیے تھے کہ وہ جانِ غزل تو بن سکتی تھی مگر خود غزل گو نہیں بن سکتی تھی۔''

اُردو شاعری کے معاصر منظرنامے میں جن شاعرات کی کاوشوں کو سنجیدہ مطالعہ کا موضوع بنایا جاسکتا ہے، ان کی اکثریت بھی جنسی بنیاد پر قائم تفریق کے مسائل کو بالعموم قابلِ اعتنا بھی نہیں سمجھتی۔ بعض شاعرات، نسائی جذبات و احساسات کی پیش کش یا کسی حد تک اعترافی شاعری کی حدوں کو چھوتی ہوئی نظر آتی ہیں اور

نسائی مزاحمت

معدودے چند ایسی ہیں جن کی نظموں میں اپنی صورت حال سے بے اطمینانی، قدرے انحراف اور مساوی حقوق کی طلب کا واضح رجحان ملتا ہے۔ مثال کے طور پر شفیق فاطمہ شعریٰ دانشورانہ موضوعات، مذہبی اور روحانی محرکات سے دلچسپی اور گہری بصیرت کے سبب، ایک ایسی شاعرہ کا تاثر قائم کرتی ہیں جس کے لیے جنسی بنیاد پر قائم معاشرہ کوئی قابلِ توجہ مسئلہ نہیں محسوس ہوتا۔ تاہم شعریٰ نے اپنی بعض نظموں میں نسائی امیج کو مذہبی حوالوں کے ساتھ نمایاں کرنے کی طرف توجہ دی ہے۔ اس نوع کی نظموں میں ان کی ایک قدرے طویل نظم 'اے تماشا گاہ عالم روئے تو' کا ایک ذیلی عنوان 'دعائے بانوئے فرعون' ہے۔ انھوں نے اس حصّے سے متعلق حاشیے میں 'بانوئے فرعون' کی تلمیح کے مضمرات بیان کرتے ہوئے اپنے معاشرے میں عورت کی حیثیت پر بھی گفتگو کی ہے۔ نظم کے متعلقہ مصرعے کچھ اس طرح ہیں:

"اب تو میرا گھر وہی گھر/ جس کا تو بانی بنے/ اب تو تیرے ہی جوارِ قرب کے باغات میں/ یارب بسیرا ہو مرا/ رستگاری دے مجھے فرعون سے ارتفاعِ بیت کے اُس دور کا آغاز ہو/ جس میں اسوہ/ بانوئے فرعون کا اسوہ وہ پہلا سنگ میل/ جس پہ اتری تابشِ اُمّ الکتاب۔"

شفیق فاطمہ شعریٰ 'بانوئے فرعون' کے کردار کی وضاحت میں اس کی معنویت یوں نمایاں کرتی ہیں:

"بانوئے فرعون کا کارنامہ یہ ہے کہ ان کی دعا کے الفاظ سے یہ عقیدہ ختم ہو جاتا ہے کہ سربراہ خاندان، خاص طور سے شوہر سے غیر مشروط ہم آہنگی کا نام 'وفا' ہے، اور عورت ایک ایسی مخلوق ہے جو اس وفا کی بنا پر باشرف ہے۔ فرعونی جلال و جبروت کو ٹھکراتے ہوئے صرف عائلی نظام ہی سے نہیں، بلکہ ناکسوں کے اہتمام خشک و تر سے بھی غیر مشروط ہم آہنگی کے وفادارانہ عقیدہ کو وہ مسترد کرتی ہیں جس کو آج سے ہزاروں برس پہلے مسترد کرنا، جان کا زیاں تھا۔"

اس حاشیے میں وہ سماجی نابرابری کی تحریکات کے ساتھ جنسی نابرابری کی عالمی تحریک کا بھی ذکر کرتی ہیں اور اسے آزادیٔ اظہار کی بوکھلاہٹ کا نام دیتی ہیں اور ان الفاظ میں اپنے موقف کی مزید وضاحت بھی کر دیتی ہیں:

"یہ ضروری نہیں کہ ان خیالات کی بناء پر، میں اُناثی تحریک کی گردِ کارواں سمجھی جاؤں، سچ بات تو یہ ہے کہ اس تحریک کے رطب ویابس کا بوجھ اُٹھانا میرے بس کا روگ نہیں۔"

شاید یہ کہنے کی ضرورت نہیں کہ اپنی نظم کے بین السطور میں ایک نسائی امیج کو مثالی اور انحرافی قرار دینے کے باوجود، شعریٰ آزادیٔ اظہار کی ان سرحدوں کو چھونا نہیں چاہتیں جہاں مذہبی قدغن سے سابقہ پڑنے کا اندیشہ ہو۔

کم و بیش یہی صورت حال شاعرات کی غزل گوئی کی ہے۔ غزل گو شاعرات کا عام رویّہ تانیثی نقطۂ نظر کے اظہار کے برخلاف غزل کے مروجّہ موضوعات سے دلچسپی اور جنسی تفریق پر قائم ثنویت سے صرف نظر کرنے

کی صورت میں سامنے آیا ہے۔ البتہ بعض شاعرات نے اپنے عشقیہ جذبات کو خواب ناک محبوبیت کے ساتھ یا خود سپردگی کی شکل میں پیش کرنے کی کوشش ضرور کی ہے۔ کشور ناہید اور فہمیدہ ریاض کی غزلوں کے تسلسل کے طور پر پروین شاکر، رفیعہ شبنم عابدی اور عشرت آفریں کے اشعار میں حسّی اور جذباتی نسائیت کے عناصر ملتے ہیں۔ مگر چوں کہ ان حسّی اور جذباتی مسائل کو کبھی نابلوغت سے وابستہ جذبات کا نام دیا گیا اور کبھی ان پر ناپختہ کار تجربے کا الزام عائد کیا گیا، اس لیے تنقیدی دہشت گردی کی ہیبت نے اس رجحان کو بھی زیادہ پنپنے کا موقع نہیں دیا۔ حالاں کہ حقیقت یہ ہے کہ ہر عمر کا سچّا تجربہ، سچّے اظہار سے ہم آہنگ ہوسکتا ہے اور اپنے مخصوص تناظر میں جینون تخلیقی رویّے کی حیثیت سے پہچانا جاسکتا ہے۔ اس لیے صرف نمونے کے طور پر یہ چند اشعار ملاحظہ کیے جاسکتے ہیں جو فکری دبازت کی نفی ہی نہیں کرتے بلکہ خوابِ ناک نسائی احساس اور جذبے کی صداقت کی نمائندگی بھی کرتے ہیں:

دل میں ہے ملاقات کی خواہش کی دبی آگ
مہندی لگے ہاتھوں کو چھپا کر کہاں رکھوں

کشور ناہید

کچھ یوں ہی زرد ، زرد سی ناہید آج تھی
کچھ اوڑھنی کا رنگ بھی کھلتا ہوا نہ تھا

کشور ناہید

اب ایک عمر سے دُکھ بھی کوئی نہیں دیتا
وہ لوگ کیا تھے جو آٹھوں پہر رُلاتے تھے

کشور ناہید

ہر لمس ہے جب تپش سے عاری
کس آنچ سے میں پگھل رہی ہوں

فہمیدہ ریاض

وہ خواہشِ بوسہ بھی نہیں اب
حیرت سے ہونٹ کاٹتی ہوں

فہمیدہ ریاض

میں سچ کہوں گی مگر پھر بھی ہار جاؤں گی
وہ جھوٹ بولے گا اور لاجواب کردے گا

پروین شاکر

بارش سنگ ملامت میں وہ میرے ساتھ ہے
میں بھی بھیگوں ، وہ بھی پاگل بھیگتا ہے ساتھ ساتھ

پروین شاکر

ان اشعار میں سے بیش تر کو اعترافی شاعری کا نام دینا زیادہ مناسب ہوگا۔ تانیثی نظریۂ ادب کے نقطۂ نظر سے اس رویّے کی اہمیت اس لیے بھی قابلِ توجہ بن جاتی ہے کہ احتجاج اور انحراف کی منزلوں تک پہنچنے والوں کے لیے ان مرحلوں سے گزرنا بڑی حد تک ناگزیر ہوتا ہے۔

غزل کے مقابلے میں شاعرات کی نظموں کو نسائی رویّوں کی تفہیم کا زیادہ بہتر وسیلہ بنایا جاسکتا ہے۔ واضح رہے کہ غزل ہی کی طرح نظموں میں بھی اگر ہم ان رویّوں کو ارتقائی صورت میں دیکھنا چاہیں تو پتہ چلے گا کہ عورت کی حیثیت سے اپنے وجود کا احساس، نسائی جذبات کا اظہار یا اعتراف اور جنسی ثنویت پر قائم معاشرے سے انحراف جیسے مراحل اُردو میں تانیثی رویّے کے مختلف مدارج ہوسکتے ہیں۔ جہاں تک نسائی منصب کے احساس کا سوال ہے تو ہمیں بعض ایسی نظمیں ملتی ہیں جو تخلیق کے تجربے کے مختلف مراحل کو کچھ اس انداز سے موضوعِ گفتگو بناتی ہیں کہ ان میں تخلیق کے مطلق عمل کے ساتھ تنقیدی اصطلاح میں 'تخلیقی عمل' کے اسرار بھی کھلتے ہوئے نظر آتے ہیں۔ اس نوع کی ایک نظم کا حوالہ شاید یہاں خارج از بحث نہ ہو:

''وہ حرف، جو فضائے نیلگوں کی وسعتوں میں قید تھا/ وہ صوت، جو حصار خامشی میں جلوہ ریز تھی/ صدا، جو کوہسار کی بلندیوں پہ محوخواب تھی/ روائے برف سے ڈھکی/ وہ حرف جو ہوا کے نیلے آنچلوں سے چھن کے/ جذب ہو رہا تھا ریگ زارِ وقت میں/ وہ ذرّہ ذرّہ منتشر تھا/ دھندلی دھندلی ساعتوں کی گرد میں/ وہ معنی گریز پا، لرز رہا تھا جو رگِ حیات میں/ وہ رمزِ منتظر کہ جو ابھی نہاں تھا بطن کائنات میں/ بس ایک جست میں حصار خامشی کو توڑ کر/ پگھل کے میرے دردو آرزو کی آنچ میں/ وہ میرے بطن کی صباحتوں میں ڈھل گیا/ وہ آبشار نغمہ ونوا، کہ کوہسار سرد سے گرا/ کہ گونجتی گپھاؤں سے ابل پڑا/ وہ جوئے ذات، نغمۂ حیات، جو رواں دواں ہے بحر بے کراں کی کھوج میں۔

(زاہدہ زیدی)

تخلیقی عمل کے مختلف مراحل کی گرفت اور شعوری اور لاشعوری محرکات کی دریافت خود شاعر کے لیے ایک مشکل عمل رہی ہے۔ اس نظم میں زاہدہ زیدی نے تخلیقی عمل کو صرف شاعر کی حیثیت سے نہیں بلکہ ایک خاتون شاعر کی حیثیت سے جس طرح موضوع گفتگو بنایا ہے، وہ وسیلۂ تخلیق کی حیثیت سے نسائی سرشت کا عمدہ اظہار بھی ہے اور داخلی سرگزشت کا اعتراف بھی۔ اسی موضوع کی دوسری جہت ہمیں ایک مکمل اعترافی نظم میں ملتی ہے، جس میں جنس کو ایک تخلیقی تجربہ بنایا گیا ہے:

یہ کون سا مقام ہے/ کہ چاروں سمت منتشر ہیں/ ریزہ ریزہ آبگینۂ ہائے شوق/ یہیں تو حسرتوں کے بیج بو کے/ فصلِ درد اُگائی تھی/ یہیں تو آرزو، نقیب وقت بن کے آئی تھی/ وہ کوہِ دردِ سینۂ حیات پر/ وہ بوجھ بھی سبک سبک/

نسائی مزاحمت

وہ جرعہ ہائے آتشیں/ لہو میں جذب آگ سی/ یہ کائنات ٹوٹ کر بکھر گئی/ کہ چور چور ہیں نشاطِ جاں کے آئینے/ کہ ریگ ریگ نشۂ بدن ہے/ ذرّہ ذرّہ جستجو کی راکھ ہے/ فضائے ذہن بے اذاں/ تصوّرات رائیگاں/ تلاش ذات جوئے خوں/ یہ کوہِ جرم حادثات/ یہ قطرہ ہائے انفعال/ بر جبین کائنات/ چیخ رہی ہیں ہڈیاں وجود کی۔ (فشار: ساجدہ زیدی)

ساجدہ زیدی نے نظم کے ان مصرعوں میں جس طرح بالواسطہ انداز میں نسائی تجربے کو اعترافی شاعری میں تبدیل کر دیا ہے وہ فنّی نقطۂ نظر سے بھی استعارہ سازی کی عمدہ مثال ہے۔ اس نظم کی امیجری میں تانیثی رویّوں کو خیال اور فکر کے بجائے حواس کے حوالے سے شعری پیکروں میں تبدیل کیا گیا ہے۔ یہ انداز ایک خاتون شاعر کی حیثیت سے بھی ان کی شناخت متعین کرتا ہے اور فنّی تدبیر کاری کی بھی قابلِ توجہ مثال پیش کرتا ہے۔

تاہم ساجدہ زیدی اور زاہدہ زیدی کی اس نوع کی گنتی کی چند نظمیں ان کی شاعری کے عام رجحان کی نمائندگی نہیں کرتیں۔ ان کی شاعری کا عمومی رجحان، فکری اور دانش ورانہ سطح پر ایسی عام شعری فضا کی عکاسی کرتا ہے جس میں مرد و زن، دونوں طرح کے شاعر، یکساں طور پر شریک ہیں۔ ان شاعرات کے برخلاف فہمیدہ ریاض کی شاعری کا غالب رویّہ نسائی احساس کی ترجیح پر قائم ہے۔ پدری نظام پر قائم سماج کی ناہمواریوں کی نشان دہی ان کی نظموں کا طاقت ور رجحان ہے۔ انھوں نے ماں بننے کے تجربے کو جس فن کاری اور حسّی ارتعاشات کے ساتھ اپنی ایک ابتدائی نظم ''لاؤ، ہاتھ اپنا لاؤ ذرا'' میں پیش کیا تھا، وہی در اصل ان کی شاعری کی مخصوص شناخت بن گیا۔ تانیثی رویّے کے بعض اور پہلو، جن میں اپنے سماج میں ثنویت کا احساس مرکزی حیثیت رکھتا ہے، بعد کی، ان کی بیش تر نظموں کا پس منظر ہے۔ اس ضمن میں ان کی متعدد نظموں میں سے محض ایک مختصر نظم کو ملاحظہ کیا جا سکتا ہے، جس میں ثنویت کا یہ احساس نمایاں طور پر موجود ہے:

مگر آہ اس میں نئی بات کیا ہے/ وہ عورت ہے ہم جنس سب عورتوں کی/ سدا جس پہ چابک برستے رہے ہیں/ وہ ہر دور میں سر بریدہ مسانوں میں لائی گئی ہے/ کبھی بھینٹ بن کر/ پتی کی چتا پر چڑھائی گئی ہے/ کبھی ساحرہ کا لقب دے کر زندہ جلائی گئی ہے/ یہ عورت کا تن ہے/ قبیلوں کی نسلیں بڑھانے کا آلہ ہے/ ان کی حمیت کی بس اک علامت/ جو چاہو تو تم اس علامت کو روندو/ اسے مسخ کر دو/ اسے دفن کر دو۔ (فہمیدہ ریاض)

اس نظم کی بلند آہنگی اور اس کا براہِ راست انداز، فنّی نقطۂ نظر سے البتہ معرض بحث میں آ سکتے ہیں، مگر فکری اور ادبی موقف کے اعتبار سے فہمیدہ ریاض کی اس نوع کی نظموں سے ان کی تانیثی شناخت ضرور متعیّن ہوتی ہے۔

فہمیدہ ریاض کے مقابلے میں کشور ناہید نے اوّل و آخر ایک تانیثیت پسند ادیب اور شاعرہ کی حیثیت سے معاصر شاعرات میں فکری، فنّی اور عملی طور پر اپنی شناخت قائم کی ہے۔ ان کی تحریریں، خواہ نثر کی صورت میں ہوں یا شاعری کی شکل میں، تانیثی تحریک کو اس کے سارے لوازم کے ساتھ برتنے کی کوشش کرتی ہیں۔ انھوں نے

نسائی مزاحمت

طبقاتی طریق کے ترقّی پسند نقطۂ نظر سے اپنے ادبی سفر کا آغاز کیا تھا، مگر وقت کے ساتھ ساتھ جنسی تفریق کے مسئلے کو نمایاں کرنے کو اپنی تحریروں کا محور بنالیا؛ ان کے مضامین کا مجموعہ 'عورت، خاک اور خواب کے درمیاں' تانیثی نظریے کو ریسرچ، تجزیہ اور فنّی اظہار سے متعلق مسائل کو منضبط اور مدلل انداز میں پیش کرنے کی اُردو میں ایک اہم کوشش ہے۔ انھوں نے سیمون دی بوائر کی کتاب کا ترجمہ تلخیص کے ساتھ پیش کر کے 'عورت' کے نام سے شائع کیا ہے، اور اپنی توضیحات کے ذریعہ اُردو دنیا سے تانیثی نظریے کو متعارف کرانے کی علمی بنیادیں فراہم کی ہیں۔ لیکن ایک تانیثیت پسند فن کار کے طور پر ہمارے لیے اگر ان کی کوئی تحریر قابلِ مطالعہ ہوسکتی ہے تو وہ ان کی نظمیں ہیں۔ اپنی نظموں میں، ان کی بلند آہنگی نظریاتی وابستگی کی شدت کو ظاہر کرتی ہے۔ انھوں نے اپنے تانیثی نقطۂ نظر کے اظہار کے لیے بالعموم دو طرح کے اسالیب کا انتخاب کیا ہے۔ ایک تو ان کی نثری نظمیں ہیں جن میں وہ اپنی نظریاتی وابستگی کو چھپا نہیں پاتیں اور دوسرے ان کی آزاد نظمیں، جن کی لفظیات، علائم اور فنّی لوازم کا اہتمام اس بات کا وافر ثبوت فراہم کرنے کا وسیلہ ہیں کہ انھوں نے خود کو محض ایک تانیثیت پسند مفکّر کے طور پر ہی متعارف نہیں کرایا بلکہ قابلِ توجہ شاعرہ کی حیثیت سے بھی اپنی اہمیت تسلیم کرائی ہے۔ نیلام گھر، جاروب کش، میں کون ہوں اور انٹی کلاک وائز، جیسی نظمیں ان کے تانیثی رویّوں کی بھرپور نمائندگی کرتی ہیں۔ 'انٹی کلاک وائز' میں انھوں نے طبقۂ اناث کے لیے درپیش صورت حال کو نسبتاً زیادہ صراحت کے ساتھ پیش کیا ہے:

میرے ہونٹ تمھاری مجازیت کے گن/ گا گا کر خشک ہو بھی جائیں تو بھی تمھیں یہ خوف نہیں چھوڑے گا /کہ بول تو نہیں سکتی، مگر چل تو سکتی ہوں/ میرے پیروں میں زوجیت اور شرم وحیا کی بیڑیاں ڈال کر/ مجھے مفلوج کر کے بھی/ تمھیں یہ خوف نہیں چھوڑے گا کہ میں چل تو نہیں سکتی/ مگر سوچ سکتی ہوں/ آزاد رہنے، زندہ رہنے اور مرے سوچنے کا خوف/ تمھیں کن کن بلاؤں میں گرفتار رکھے گا۔ (کشور ناہید)

اس نظم کے مقابلے میں آزاد نظم کی ہیئت میں ان کی متعدد نظمیں فنّی لوازم کو زیادہ بہتر طریقے پر اپناتی ہیں اور صحیح معنوں میں اسی نوع کی نظمیں نسائی جمالیات کے ضمن میں ان کی کاوشوں کا منفرد ثبوت پیش کرتی ہیں۔ نمونے کے طور پر یہاں ایک نظم کے چند مصرعے ملاحظہ کیے جا سکتے ہیں:

مجھے سزا دو کہ میں نے اپنے لہو سے تعبیر خواب لکھی/ جنوں بریدہ کتاب لکھی/ مجھے سزا دو کہ میں نے تقدیسِ خواب فرد میں جاں گزاری/ بہ لطفِ شب زادگاں گزاری/ مجھے سزا دو/ کہ میں نے دوشیزگی کو سودائے شب سے رہائی دی ہے/ مجھے سزا دو/ کہ میں جیوں تو تمھاری دستار گر نہ جائے/ مجھے سزا دو/ کہ میں تو ہر سانس میں نئی زندگی کی خوگر/ حیات بعد ممات بھی زندہ تر رہوں گی/ مجھے سزا دو/ کہ پھر تمھاری سزا کی میعاد ختم ہوگی۔

ہمارے معاشرے میں عورت کو 'نصف بہتر' قرار دینے کا مشفقانہ اور ترحم آمیز رویّہ اس وقت بے نقاب ہوتا نظر آتا ہے جب کشور ناہید جیسی کوئی شاعرہ اس رویّے کے مضمرات پر اپنے شدید ردِّ عمل کا ایسا اظہار کرتی ہیں جس میں فکری بغاوت کے ساتھ اس نظم کی طرح شعریت کا بھی اہتمام کیا گیا ہو۔

اس میں کوئی شک نہیں کہ تانیثی تحریک کے تناظر میں کشور ناہید اور فہمیدہ ریاض کو اُردو شاعرات کے مابین نمائندہ ترین ترجمان شاعرات کی حیثیت دی جاسکتی ہے۔ لیکن ایسا بھی نہیں ہے کہ ان کے بعد کی نسل میں اس رجحان پر مبنی شاعری کی کوئی توسیع نہیں ہوئی۔ بعض نسبتاً نو وارد شاعرات کی نظموں میں اس رویّے کی گونج اس طرح سنائی دیتی ہے، گویا وہ ابھی اپنی شناخت اور آواز کی دریافت میں مصروف ہیں۔ ایسی شاعرات میں نمونے کے طور پر شہناز نبی اور عذرا پروین کے نام لیے جاسکتے ہیں۔ شہناز نبی کی نظم 'بھیڑیں' میں طنزیہ طریق کار اور علامتی معنویت کے سبب تانیثی اظہار کے قدرے مختلف اسلوب کو اپنانے کی کوشش ملتی ہے:

اک چراگاہ/ سو چراگاہیں/ کون ان ریوڑوں سے گھبرائے/ پڑ گئیں کم زمینیں اپنی تو/ کچھ سفر، کچھ حضر کا شغل رہے/ کچھ نئی بستیوں سے ربط بڑھے/ ان کو آزاد کون کرتا ہے/ یہ بہت مطمئن ہیں تھوڑے میں/ اک ذرا سا گھما پھرا لاؤ/ کچھ اِدھر، کچھ اُدھر چرالاؤ/ بھیڑیں معصوم بے ضرر سی ہیں/ جس طرف ہانک دو چلی جائیں۔
(شہناز نبی)

ردّ عمل اور طنز کی شدّت پر مبنی اس نظم سے قدرے بدلے ہوئے اسلوب، سے اس وقت ہمارا واسطہ پڑتا ہے، جب ہم عذرا پروین کی نظمیں پڑھتے ہیں۔ ان کی نظموں میں بالواسطہ طریقِ کار کے بجائے براہِ راست لب و لہجہ ملتا ہے، لیکن اس حقیقت کا اعتراف کرنا چاہیے کہ ان کی شاعری مرکزی حیثیت سے جنسی تفریق کے موضوع کو زیرِ بحث لاتی ہے۔ یہ الگ بحث ہے کہ فنّی طور پر ان کا منصب کیا متعیّن ہوتا ہے۔ ان کی ایک نظم ہے:

''میں اور ہی کوئی ہندسہ ہوں''

میں اب نیا کوئی حادثہ ہوں/ میں اور ہی کوئی ہندسہ ہوں/ تمہارے پہلو میں کل سے اب تک جو اک بہ صورت صفر، صفر تھی، وہ میں نہیں تھی/ وہ میں نہیں ہوں/ جو تجھ میں تیرے سفر کی دھن تھی/ جو خود مسافر نہ ہو کے بس تیری رہ گزر تھی/ وہ میں نہیں تھی/ وہ میں نہیں تھی/ سنو تذبذب کی برف پگھلی/ میں ایک نشچت اڑان ہوں اب/ جو اک انشچت اگر مگر تھی/ میں وہ نہیں تھی/ وہ میں نہیں ہوں/ میں اب، نیا کوئی حادثہ ہوں/ میں اب نئی کوئی انتہا ہوں/ میں اور ہی کوئی ہندسہ ہوں۔ (عذرا پروین)

شاید یہ کہنے کی ضرورت نہیں کہ معاصر شعری منظر نامے میں اور جن شاعرات کی نظمیں اور غزلیں ادبی جرائد میں شائع ہوتی ہیں، ان کو بالعموم نسائی شناخت کے نقطۂ نظر سے مطالعہ کا موضوع ہی نہیں بنایا جاسکتا۔ پاکستان میں پروین فنا سیّد اور عذرا عباس اور ہندوستان میں شبنم عشائی جیسی معدودے چند شاعرات ایسی ہیں جو اپنی ذات کے اظہار کے مسئلے سے دوچار ہیں۔ لیکن ان کی شاعری کسی طاقت ور نسائی رجحان کی نمائندگی نہیں کرتی۔

نسائی رویّوں اور تانیثی رجحان کی پہچان اور تعین قدر، کے اس جائزے سے اندازہ لگایا جاسکتا ہے کہ ادبی اور تنقیدی اظہار میں تانیثیت کی شمولیت کے بعد ادبی فکر و فن کے تناظر کے افق میں کیوں کر وسعت پیدا ہوئی

ہے؟ اُردو میں چوں کہ تانیثی نظریے کو کسی طاقت ور رجحان کی صورت میں ابھی پنپنے کا موقع نہیں ملا، اس لیے انفرادی کوششوں کی اہمیت کے باوجود ابھی نسائی جمالیات کی تشکیل ہونا باقی ہے۔ ظاہر ہے کہ اس نسائی جمالیات میں تانیثی نقطۂ نظر کے ساتھ ادب کی تفہیم، ہیئت و مواد کے توازن اور تخلیقی فن پاروں کے تعیّن قدر کے مسائل نئے سرے سے مرتّب ہوں گے اور اسی صورت میں ہم تانیثیت کو نظریے کی سطح سے بلند کر کے فنّی سطح تک لا سکتے ہیں۔

(بشکریہ قومی کونسل برائے فروغ اردو، نئی دہلی)

تحریک نسواں: جدید تاریخ اور ادب کی روشنی میں

ناز آفرین

عالمی یومِ خواتین بین الاقوامی سطح پر 8 مارچ کو منایا جاتا ہے۔ جس کا مقصد مردوں کو خواتین کی اہمیت سے آگاہ کرنا ہے۔ ان کے درمیان خواتین پر تشدد کی روک تھام کے لیے بیداری لانا ہے۔ سماج کو ان کے حقوق دینے کے لیے ابھارنا ہے۔ سب سے پہلے بین الاقوامی یوم خواتین 19 مارچ 1911 میں منایا گیا۔ سنہ 1977 میں اقوام متحدہ کی جنرل اسمبلی نے یہ بل پاس کیا کہ خواتین کا بین الاقوامی دن ہر برس 8 مارچ کو باقاعدہ طور پر منایا جائے گا۔

تحریک حقوقِ نسواں، اقوام متحدہ کے پلیٹ فارم سے ہر سال عورت پر جسمانی تشدد، نفسیاتی استحصال، غصب شدہ حقوق پر صنفی مساوات اور عدل و انصاف کا مطالبہ کرتی ہے۔ اس کے لیے عظیم الشان فائیو اسٹار ہوٹلوں میں پُر تکلف سمینار کا انعقاد کیا جاتا ہے۔ اخبارات میں بے شمار رنگین ضمیموں کی اشاعت ہوتی ہے۔ کانفرنسوں اور سمپوزیم میں بے نتیجے مباحثے کرائے جاتے ہیں۔ ہر برس نئی قراردادیں لائی جاتی ہیں۔ سفارشات ہوتی ہیں۔ یہی نہیں 1980 سے 2000 کا وقفہ International Women's Decade کہلاتا ہے۔ ان میں پانچ برس سے دس برس کے درمیان خواتین و بچیوں کے حقوق کے سلسلے میں نظر ثانی ہوتی ہے۔ حقوق کے نفاذ کی کوششیں ہوتی ہیں۔ پالیسیاں تشکیل دی جا رہی ہیں۔ ان کوششوں کی بازگشت 'تحریک نسواں، آزادی نسواں، حقوقِ نسواں، تانیثی تحریک، ناری وَاد اور فیمی نزم کے نام سے سنائی دیتی ہے۔ اس کے باوجود عالمی سطح پر خواتین و بچیوں پر جرائم کے سارے ریکارڈ ٹوٹ چکے ہیں۔

تحریکِ نسواں صنفی امتیازات و استحصال کے خلاف ایک شعوری احتجاجی تحریک ہے۔ اسی مناسبت سے Feminism کا لفظ 1871 میں انگلینڈ میں خواتین کے مساویانہ حقوق کی لڑائی میں پہلی بار استعمال

ہوا۔ ابتداً لفظ تانیثیت حقوق نسواں کا ترجماں نہیں تھا۔ بعد ازاں اصطلاح بنا کر Feminism سے جوڑ دیا گیا۔ میری وُول اسٹون کرافٹ نے (1790Vindication of the right of women) میں سوال اٹھایا کہ "کیا انسانی حقوق و آزادی صرف مردوں کے لیے ہیں؟" تحریک نسواں کا ہدف دونوں جنسوں کے امتیازات مٹا کر تمام اختلاف کا بدل یا اہداف ہے۔ سمون دِی بوائر اپنی تصنیف *The Second Sex* میں مردوں کے خیال ونفسیات کو واضح کرتی ہیں۔ "عورت پیدائشی طور پر ہمارے طے کردہ صفات کی حامل نہیں ہوتی بلکہ پدری معاشرہ میں عورت بنا دی جاتی ہے اور رفتہ رفتہ وہ خود کو اُن ہی صفات سے متصف سمجھنے لگتی ہے جو مردوں کی طرف سے اُن کے ساتھ وابستہ کر دی گئی ہیں۔"

خواتین معاشرتی سطح پر اپنے حقوق سے عدم واقف رہتی ہیں۔ نکاح، مہر، طلاق، خلع، وراثت، ولادت، تقسیم جائیداد وغیرہ ان میں خصوصی طور پر شامل ہیں۔ ان تمام مسائل کی براہ راست آگہی کے لیے یورپ میں گذشتہ دوصدی سے زائد عرصے سے سماجی، ادبی، معاشی اور سیاسی تحریکیں وجود میں آتی رہی ہیں۔ جس کا مقصد معاشرتی سطح پر خواتین کا مقام متعین کرنا ہے۔ مرد کی بیجا اجارہ داری کا خاتمہ کرنا ہے۔ خواتین پر ہو رہے مظالم و استحصال کے ردعمل پر ہی تانیثیت کا ظہور ہوا۔ یہ تحریک بالخصوص استقامت کے ساتھ اپنا اِثبات چاہتی ہے۔ اِس فکر کو فروغ دینے میں ژولیا کرستیوا، سمن دی بوائر، اِیلی سیزو، ژاویئے گوئٹے، وَرجینیا وُولف، ایسا سِسکن آسٹرائیکر، ماریا انٹونی اور اِیون جودِتھ وغیرہ نے آواز اٹھائی۔ تانیثیت کے تصور کی شروعات مرد کا جبر، جنس کی بنیاد پر عورتوں کی ثانوی حیثیت، صنفی تفرقہ، استحصالی رشتے، ظلم و وراثت اور شخصی محرکات سے ہوئی۔ تانیثیت نے روایتی سماج سے مرد اور عورت کے سماجی، تہذیبی و مذہبی حیثیت کے متعلق بہت سے سوالات کیے۔ Bellington Greig کے مطابق "یہ ایک خواتین کی تحریک ہے۔ جو انسانی رشتوں کی دوبارہ ترتیب کو تلاش کرتی ہے۔" ۲؎

خواتین کا پہلا حقوق نسواں کنونشن سینیکا فالز (امریکہ) میں 1884ء منعقد کیا گیا۔ اس کنونشن نے متوسط طبقے کی خواتین کو ایک عوامی فورم مہیا کیا۔ اسی کنونشن میں حقوق نسواں کا بنیادی تصور جاری کیا گیا۔ اِس علامیہ میں خواتین کے خلاف ناانصافی کے خاتمے اور متحدہ ریاست ہائے امریکہ کی شہری ہونے کی حیثیت سے مکمل حقوق کے حصول کا مطالبہ تھا۔ خواتین نے مرد اساس نظام و اقدار کو چیلنج بھی کیا۔ طبقہ نسواں کی آزادی کی وکالت کی۔ اسٹوارٹ خواتین کی آزادی اور حق رائے دہندگی تو چاہتا تھا لیکن شوہر اور بیوی کے رشتے میں کسی قسم کی تبدیلی نہیں چاہتا تھا۔ ایسے میں تانیثی فکر صنف اور جنس کی لڑائی بن کر رہ گئی تھی۔ وُول اسٹون کرافٹ خواتین کو با اعتماد، باکردار اور متحرک بنانا چاہتی تھیں۔ وہ عورتوں کو جسمانی طور پر نازک مانتے ہوئے عقلی طور پر مرد سے بالاتر سمجھتی ہیں۔ ان کا ماننا تھا کہ صنفی بنیاد پر سماج انھیں کمزور مانتا ہے۔ اس لیے خواتین تعلیم حاصل کر کے عقل مند، ذہین، سمجھدار اور ذمہ دار شہری بنیں۔ اپنے اندر کی غلامانہ ذہنیت کو ختم کریں۔ اپنی، شخصیت، صلاحیتوں اور قابلیتوں کو سماج کے سامنے پیش کریں۔

ان حالات میں ازسرنو آزادیِ نسواں کے لیے باقاعدہ بین الاقوامی سطح پر شعوری بیداری تانیثیت کی معتبر مفکروں نے International Women's Conferences کیے۔ تانیثیت کے اثرات عالمی علوم وفنون پر مرتب ہو رہے تھے۔ اسے منظم کرنے کے لیے اقوام متحدہ نے بڑے پیمانے پر چار کانفرنس منعقد کیا۔ یہ کانفرنس پانچ سے دس برس کے وقفے سے ہوتی ہیں۔ جن کا مقصد خواتین کے ساتھ تمام شعبہ جات میں مساوات کو قائم کرنا اور فروغ دینا تھا۔ "کانفرنس نے خواتین کو اپنے حقوق کے تئیں بیدار کیا۔ ان کے شعور وادراک میں حقوق کی حصولیابی کے لیے راہیں ہموار کیں۔"

پہلی بین الاقوامی کانفرنس: یہ میکسیکو میں 1975 میں منعقد ہوئی۔ جس میں 313 سرکاری کارندے شامل ہوئیں۔ مختلف غیر سرکاری تنظیموں (NGOs) کے چھ ہزار نمائندے شریک ہوئے۔ خواتین کے ساتھ نا روا سلوک کے خاتمے کے لیے غور وفکر کیا گیا۔ کئی اہم نکات پر کام کرنے کا عملہ وجود میں آیا تا کہ خواتین کو مساوی حقوق مل سکیں۔

دوسری عالمی کانفرنس: یہ کانفرنس کوپن ہیگن میں 1980 میں منعقد ہوئی۔ اس کا عنوان "World Conference of the United Nation Decade for Women" تھا۔ اس کانفرنس کا مقصد میکسیکو میں ہوئی منصوبہ بندی کے نفاذ کا جائزہ لینا تھا۔ جس کا موضوع خواتین کے لیے معاش، صحت اور تعلیم تھا۔ دوسرا پروگرام بھی منعقد ہوا۔ اس کا مقصد Women right to inheritance women ownership child custody کو مضبوط کرنا تھا۔

تیسری عالمی کانفرنس: یہ کانفرنس 1985 میں نیروبی میں منعقد ہوئی۔ یہ کانفرنس "World conference to review and appraise the achievement of the United Nation decade for women" کے زیرِ عنوان منعقد ہوئی۔ کانفرنس کا بنیادی مقصد گذشتہ دس سالہ نکات پر غور وفکر تھا۔ جس میں حقوقِ نسواں کے حصول میں آنے والی پریشانیوں کو دور کرنے کی کوشش کی گئی۔ 1900 وفد اور 157 ریاستوں کے نمائندوں نے شرکت کی۔ حکومت نے "Nairobi forward looking strategy" کو منتخب کیا۔ جس میں قومی سطح پر جنسی مساوات پر خواتین کی کارکردگی کو فروغ دینا طے پایا۔

چوتھی عالمی کانفرنس:

اس کا انعقاد 1995 میں بیجنگ میں ہوا۔ اس نے خواتین کے حقوق کے لیے ہونے والی کانفرنسوں میں تبدیلی لائی۔ صنفی مساوات ایک عالمی مدعا بنا۔ اس کانفرنس میں "Beijing declaration and the "platform for action" بھی شامل تھا۔ جسے 189 ملکوں نے قبول کیا۔ بیجنگ کانفرنس میں سات ہزار مندوبین نے شرکت کی۔ جس میں چھ سو نمائندے حکومت کے تھے۔ چار ہزار سے زائد غیر سرکاری تنظیموں کے نمائندے شامل ہوئے۔ چار ہزار میڈیا کے لوگ شامل ہوئے۔ مذکورہ کانفرنس کے علاوہ ملکی پیمانے پر حقوق نسواں کے عملی اقدام 2000، 2005 اور 2015 میں ہوئے۔ ایک وفد کا قیام عمل میں آیا۔ Beijing+20 کے نام سے اس نے تمام نشستوں کی کارکردگی کا باریک بینی سے جائزہ لیا۔ اس کے لیے بہ اعتبار ضرورت اصول مرتب کیے۔"۳

ہندوستانی ناولوں میں بھی تانیثی فکر کی جہات قدیم زمانے سے ہیں۔ صنعتی عہد نے انہیں نیا رخ عطا کیا۔ اس کی پہلی بازگشت فرانس، برطانیہ، شمالی امریکہ، ریاست ہائے متحدہ اور کنیڈا وغیرہ میں ملتی ہے۔ اردو ادب کے تانیثی فکر کے مطالعے سے واضح ہوتا ہے کہ یہ نعرے بازی کرنے کے بجائے منظم طریقے سے احتجاج کرتا ہے۔ اس کا مقصد خواتین کو حق وانصاف دینے کا مطالبہ کرنا ہے۔ رشید جہاں اور عصمت چغتائی نے پہلے پہل تانیثی فکری جہات پیش کیے۔ فطری طور پر مرد قوی اور عورت نازک ہوتی ہے۔ ہر اعتبار سے جنس کی اپنی خصوصیات ہوتی ہیں۔ سماج انہیں تہذیب وتمدن کے اصول قرار دیتا ہے۔ ان کا الگ الگ مقام متعین کرتا ہے۔ ان کے افعال و کردار مخصوص کیے جاتے ہیں۔ صنف کی شناخت ہمارے سماج میں اس طرح کی جاتی ہے کہ مرد آزاد، با اختیار، حاکم اور قوی ہے۔ وہیں عورت نرم ونازک، کمزور، صابر، فرمانبردار اور ماتحت ہوتی ہے۔ ان کی تقسیم جنس کی بنیاد پر ہوتی ہے۔ مرد اپنے گھر کا سردار اور عورت گھر کی نگراں ہے، بعض گھروں میں محکوم مانی جاتی ہے۔ تمام گھریلو امور، بچوں کی پرورش ونگہداشت، تعلیم وتربیت، بڑوں کی خدمات، شوہر کی اطاعت شعاری، مہمان نوازی سب عورت کی ذمہ داری قرار دی گئی ہے۔ مرد صرف باہر کے امور انجام دیتا ہے۔ گھریلو امور میں اس کی شرکت نہیں ہوتی۔ ان امتیازات کی وجہ سے عورت کی زندگی متاثر ہوتی ہے۔ ایسا باور کرایا گیا کہ اس وجہ سے عورت میں احساس کمتری پیدا ہوتی ہے۔ جبکہ خاندان کی بنیاد انھی ذمہ داریوں پر مستحکم ہوتی ہیں۔

اکثر خاندانوں میں لڑکی کی پیدائش ایک المیہ سمجھا جاتا ہے۔ گھر میں پہلے لڑکی پیدا ہوئی تو اس کی ذمہ دار عورت قرار دی جاتی ہے۔ لڑکی پر اخراجات گنوائے جاتے ہیں۔ ان کی تعلیم وتربیت کو موضوع بحث بنا کر عورت کو پریشان کیا جاتا ہے۔ اس کے برعکس لڑکے کے بارے میں تصور یہ ہوتا ہے کہ اس کی تعلیم وتربیت پر روپے خرچ ہونے سے واپس بھی آئیں گے۔ شادی میں جہیز ملے گا۔ بیٹا بوڑھے ماں باپ کا سہارا ہوتا ہے۔ گویا کہ دونوں کی پیدائش سے ہی ایک خاص قسم کا امتیازی برتاؤ جنسی بنیاد پر روا رکھا جاتا ہے۔

مرد وعورت کے درمیان حیاتیاتی فرق جنس کو ظاہر کرتا ہے۔ اسی بنیاد پر صنف کی تشکیل ہوتی ہے۔ صنف کا تصور 1970ء کے دہے میں منظر عام پر آیا۔ یہ حیاتیاتی جنسی تفرقہ کو ظاہر کرتا ہے۔ جو مرد و زن کے تصور کو نمایاں کرتا ہے۔ بعض فیمنسٹ خیال خواتین کا کہنا ہے کہ یہ فرق دراصل پدرسری (Patriachal) نظام

کی طاقت کو برقرار رکھنے کے لیے کیا جاتا ہے تاکہ عورت کی ماتحتی میں کوئی تبدیلی نہ آئے۔ پدرسری نظام کی ایک اہم صورت عورت پر تشدد ہے۔ دنیا کے مختلف سماجوں میں عورتوں پر مظالم کی مختلف صورتیں رہی ہیں۔ اس تشدد کے خلاف" International Women's Movement "میں بحث کے دوران یہ نتیجہ اخذ کیا کہ تشدد کے مختلف طریقے صدیوں سے سماج میں رائج ہیں۔ جن میں ستی پرتھا، دیوداسی نظام، لڑکیوں کے پاؤں باندھنے کی رسم، عورتوں کو جادو کے لیے ذبح کرنا، لڑکیوں کے اعضاء مخصوصہ کو کاٹ ڈالنا، گائناکولوجی کے لیے عورتوں کو ہلاک کرنا، زنا بالجبر، بچیوں کے ساتھ گھریلو تشدد اور جسمانی اذیت وغیرہ خاص ہیں۔ اس سلسلے میں درج ذیل اقتباس ملاحظہ ہو:

"مغرب میں خاندان کا شیرازہ پوری طرح بکھر چکا ہے۔ مرد وعورت کے پُرشور اور ہیجان انگیز وصال کا معاملہ پرانا ہو چکا۔ سماج میں Gayism اور Lesbianism جیسے تصورات جڑ پکڑ رہے ہیں۔ انہیں تحفظ فراہم کرنے کے لیے قوانین وضع ہو رہے ہیں۔ مردوں کی مردوں سے شادیاں ہو رہی ہیں۔ عورتیں عورتوں سے شادی کر رہی ہیں۔ بات Nuclear Family سے Single Parent اور Testube Baby سے Sperm Bank اور Cloning تک جا پہنچی ہے۔ رحم کرائے پر مل رہے ہیں اور بچے جنسی عمل کے بغیر بھی وجود میں آرہے ہیں۔ ایسی گمبھیر اور الجھی ہوئی حالت میں "خاندان" کا ادارہ بھلا کس طرح قائم رہ سکتا ہے؟"۴؎

راشد الخیری عورت کو خاندان میں مرکزی کی حیثیت دیتے ہیں، اگر وہ اپنی جگہ سے اکھڑ گئی تو خاندان کا شیرازہ بکھر جائے گا۔ اسی لیے وہ عورت کے 'اسلامی حقوق' کی بحالی کے لیے ہر وقت سرگرم تھے، ان کا کہنا تھا کہ "مسلمان اگر اب تک نہیں سمجھے تو اب سمجھ لیں کہ آج عورت 1857 کی عورت نہیں، وہ 1934 کی عورت ہے۔ اس وقت مسلمانوں نے ٹھنڈے دل سے اس کے حقوق واپس نہ کیے جو اسلام اس کو دے چکا ہے تو ارتداد کیسا؟ وہ اسلام سے ہی کنارہ کش ہو جائے گی۔" ۵؎ 'تپاح حوتپ' جسے دنیا کا سب سے پہلا معلوم "معلم اخلاق" کہا جاتا ہے، ساڑھے چار ہزار سال پہلے لکھتا ہے کہ "اگر تو دولت مند ہے تو اپنے لیے بیٹا حاصل کر... اگر تو صاحب حیثیت ہے تو اپنا گھر بنا اور گھر میں اپنی بیوی سے محبت کر کیوں کہ وہ اس کی مستحق ہے۔ اس کا پیٹ بھر۔ اس کی کمر کپڑے سے ڈھانک، اس کے بدن پر خوشبو مل، جب تک زندہ ہے اس کا دل خوش رکھ کیوں کہ وہ (بیوی) اپنے مالک کے لیے سودمند زمین (کھیتی) ہوتی ہے۔ جو کچھ تیرے پاس ہے اس سے اس کے دل کو تسکین پہنچا۔ اس طرح وہ تیرے گھر میں رہے گی۔ اگر تو اسے دھتکارے گا تو وہ رونے لگے گی۔"۶؎

ایک ایسا مثالی نظام جس کی بنیاد مرد یا عورت میں سے کسی ایک کی برتری و بالا دستی پر مرکوز ہونے کی بجائے مساوی و یکساں اقدار پر قائم ہو۔ تانیثیت مرد اساس نظام و اقدار کی نہ صرف نفی کرتی ہے بلکہ اس کے بالمقابل مکمل مساوات پر مبنی ایک نئے نظام کی تعمیر و تشکیل کا عزم بھی ظاہر کرتی ہے، جس کے لیے متعصّبانہ ذہنیت و امتیازی سوچ کے حامل افراد کی ذہن سازی ناگزیر ہے۔ تانیثی فکر کے علم برداروں کا عقیدہ ہے کہ مروجہ ادبی

نسائی مزاحمت

اقدار، معیار اور پیمانے پدرسری نظام کے پروردہ و پرداختہ ہیں۔ لہٰذا امتیازات وتعصّبات پر مبنی عورت کی آزادانہ وجود کی نفی کرتا ہے۔ ان کے تخلیقی جوہر کی سرکوبی سے عبارت ہے۔ جن کے موضوعات جذباتی اور نفسیاتی ردعمل کا مظہر ہیں۔ پدرسری نظام نے بیوی، بہن، بیٹی اور کی ماں کی حیثیت سے انھیں پہچانا لیکن انسانی حقوق سے دست بردار رکھا۔ ایسے حالات میں تحریکِ نسواں سے جڑی قلم کار خواتین اپنے جذبات، احساسات، تخیلات، انانیت، اخلاص، ایثار، محبت، شگفتگی اور دل آویزی کے ساتھ اس تحریک کو فروغ دیتی آ رہی ہیں۔

عصر حاضر میں تانیثیت اپنی پوری آب وتاب کے ساتھ ادب وثقافت کے شعبے میں بھی نہ صرف نمایاں ہے بلکہ وہ عصر جدید میں ادبی وتخلیقی اظہار اور ڈسکورس کا ایک توانا جزو بن چکی ہے۔ یہ ڈسکورس اتنا وقیع اور ہمہ گیر ہے کہ اسے نہ تو نظر انداز کیا جاسکتا ہے اور نہ ہی خارج کیا جاسکتا ہے۔ زندگی کے دیگر شعبے کی طرح تانیثیت ادبی وتخلیقی سطح پر بھی ان تمام ادبی معیار و اقدار اور تصورات کو رَد کرنے پر مصر ہے جو مرد اساس نظام اور اقدار کی زائیدہ اور پروردہ ہیں۔ جس کے اثرات علوم وفنون کے ہر شعبوں پر مرتب ہوئے۔ بالخصوص اردو ادب کی خواتین قلم کاروں نے اس تحریک کو عملی جامہ پہنایا۔ جن میں رشید جہاں، عصمت چغتائی، فہمیدہ ریاض، قرۃ العین حیدر، کشور ناہید، شہناز نبی، فرخندہ نسرین، شفیق فاطمہ، ساجدہ زیدی، ترنم ریاض سارہ شگفتہ، بلقیس ظفیر الحسن، رفیعہ شبنم عابدی، خدیجہ مستور، ہاجرہ مسرور، صالحہ عابد حسین اور عنبری رحمن وغیرہ نے تحریکِ نسوں کو اپنی اپنی تحریروں کے ذریعے فروغ دیا۔ اسی وجہ سے موجودہ تمام اصنافِ ادب میں تانیثی فکر نمایاں طور پر نظر آ رہی ہیں۔

حوالہ جات:

۱۔ اردو ریسرچ جرنل دہلی، تانیثیت: چند بنیادی مباحث، از ڈاکٹر جاں نثار معین، اگست 2016، ص:56

۲۔ مطالعات نسواں، ڈاکٹر آمنہ تحسین، عفیف آفسیٹ پرنٹرس، دہلی، 2008 ص:97

۳۔ تانیثیت اور ادب، انور پاشا، عرشیہ پبلی کیشن، نئی دہلی، ص:323، 2014

۴۔ اردو ادب اور پدرسری خاندان، از زاہدہ حنا، تانیثیت اور ادب، عرشیہ پبلی کیشن، نئی دہلی، 2014، ص:310

۵۔ اردو ادب اور پدرسری خاندان، تانیثیت اور ادب، عرشیہ پبلی کیشن، نئی دہلی، 2014، ص:300

۶۔ بارشِ سنگ، جیلانی بانو، اردو مرکز، حیدرآباد، 1985

(بشکریہ رفیق منزل، مارچ 2019)

اشعر نجمی کی مرتب کردہ دیگر کتابیں

ادبی مزاحمت کا نیا پیش لفظ

مزاحمتی نظمیں (انتخاب و ترجمہ)

مزاحمتی فکشن (انتخاب و ترجمہ)

فکری مزاحمت کے پہلو

ثقافتی مزاحمت اور معاشرہ

اشعر نجمی کی مرتب کردہ دیگر کتابیں

ہندوستانی سیاست میں مسلمانوں کی حصہ داری

ہندوستان میں مسلمانوں کی معاشی صورت حال

انڈین مسلم پرسنل لاء اور یونیفارم سول کوڈ

آل انڈیا وقف بورڈ اور قومی میراث کا قضیہ

ہندوستان میں مسلم عورتوں کے چیلنجز